佐藤大介

ルポ 死刑

法務省がひた隠す極刑のリアル

GS
幻冬舎新書
636

はじめに

２０１８年７月６日、東京・霞が関の法務省19階にある記者会見室は、午後０時45分から行われる上川陽子法相の臨時記者会見を前に、あわただしい雰囲気に包まれていた。この日は海外メディアも含め、約１００人が詰めかけた。報道各社の法務省担当記者が名を連ねる「法曹記者クラブ」の所属記者が参加する通常の記者会見の倍以上の人数だ。いつもとは違う緊張感の中、左脇に書類を抱えながら紺のスーツと白いシャツ姿で現れた上川法相は、報道陣に向かって一礼すると、こう述べた。

「本日、７名の死刑を執行しました。裁判の確定順で名前を申し上げると、麻原彰晃《あさはらしょうこう》こと松本智津夫《ちづお》、早川紀代秀《きよひで》、井上嘉浩《よしひろ》、新実智光、土谷正実、中川智正、遠藤誠一の７名です」

坂本弁護士一家殺害事件や地下鉄サリン事件などを起こし、世間に衝撃を与えたオウム真理教。教祖だった松本智津夫（教祖名・麻原彰晃）死刑囚ら13人の元教団幹部の死刑が確定しており、今回の死刑執行はすでに大きなニュースとして伝えられていた。

世間の注目を集める中、上川法相は記者会見で７人の犯罪事実に関する概要を読み上げ、一連の犯行を断罪した。「組織的、計画的に敢行《かんこう》されたものであるとともに、過去に例をみない、そして、今後二度と起きてはならない、極めて凶悪・重大なものであり、我が国のみならず諸外国の人々をも極度の恐怖に陥れ、社会を震撼《しんかん》させた」。その上で「慎重にも慎重な検討を重ねた上で、執行を命令した」と語っている。

しかし、117名の確定死刑囚（再審決定で釈放中の袴田巌《はかまたいわお》さんを含む）のうち、なぜこの7人を選んだかについては「個々の死刑執行に対する判断に関わる事柄であり、お答えは差し控えさせていただきます」と説明を避けた。執行時の様子や、死刑が確定している13人のうち7人を執行した理由、執行終了の報告を受けたときの所感など、次々と質問が飛んだが、上川法相は「執行についての具体的内容に関わる質問であり、私の方から答弁することは差し控えたい」「死刑執行の判断に関わる大変重要な事柄であり、お答えについては差し控えたい」といった回答を繰り返した。

会見の終盤、上川法相のこうした回答にしびれを切らしたのであろう、一人の記者から「情報公開は十分にされているとお思いですか」との質問が出された。それに対し、上川法相はこう答えている。

「死刑については、人の命を絶つ極めて重大な刑罰です。死刑執行の判断に関わることについて、大臣である私からその発言をすること、そのこと自体が死刑の執行を待つ立場にある死刑確定者の心情の安定を害するおそれがあると考えています。従って、個々の死刑執行の判断に関わる事柄については、お答えを差し控えるということが必要ではないでしょうか」

この日、記者会見の中で上川法相が「差し控える」と述べた回数は15回に上った。

同じ月の26日、残る6人の元教団幹部に対しても死刑が執行された。1カ月で2回の執行、13人もの死刑囚が処刑されるという、異例ずくめの出来事だった。同一の事件での死刑囚は同時に執行する、というこれまでの慣例も破られたことになる。

だが、この日の臨時記者会見でも上川法相は、死刑執行を2回に分けた理由や、13人への死刑執行を命じたことに対する所感などを問われても、6日の記者会見と同様に「お答えは差し控える」との回答を連発した。26日の記者会見で上川法相が「差し控える」と述べた回数は10回だった。

過去の法相も、在任時に行った死刑執行の記者会見で、執行対象者を選んだ理由については説明を避けている。死刑執行という究極の国家権力を行使した責任者の姿勢としては、はなはだ疑問であるとの印象がぬぐえない。

日本の死刑制度は、こうした「密行主義」の姿勢によって運営されてきた。法務省が、執行した確定死刑囚の氏名などを公表するようになったのは、鳩山邦夫法相時代の２００７年12月になってからのこと。１９９８年11月に執行の日時と件数を発表するようになるまで、執行の事実すら公表していなかった。氏名などが公表されるようになった後も、死刑の執行は当日朝まで死刑囚本人に知らされず、執行にいたる法務省内での検討内容などは一切、闇に包まれたままになっている。

いつ、誰を死刑に処するかの権限は事実上、法務官僚に握られており、その手続きに外部からの検証を加えることはできない。さらに、確定死刑囚は外部との接触が厳しく制限されており、その姿をうかがい知ることも極めて難しい。死刑囚は、執行で生命を絶たれる前に、刑の確定によって社会から「抹殺」された存在になると言ってよい。

死刑執行を行った理由は何なのか。選定に恣《し》意的な判断はなかったのか。死刑囚は、科された刑に対しどのような考えを抱いているのか。そうした疑念に答えることなく、国家が人の生命を奪う刑罰を維持しようとするのは、かなりの無理があると言わざるを得ない。裁判員制度によって市民が死刑の判断に関わる機会が増えるなか、プロセスを含めた死刑そのものの「可視化」が求められている。

主要先進国で死刑執行を続けている国は日本と米国（州によっては廃止）のみで、日本は欧州連合（ＥＵ）などの国際社会から批判を浴びてきた。だが、法務省はそれらに耳を傾けずに執行を続け、死刑制度を維持する姿勢を崩していない。法務省は、死刑制度を維持する理由に「国民の支持」を挙げるが、同時に死刑に関する情報公開には消極的という、極めてバランスを欠いた状態が続いている。

そうした状態をすこしでも解消するためには、裁判で罪が認定され、死刑判決を受けて確定した死刑囚たちの姿に迫るとともに、刑務官や弁護人、法務官僚、被害者家族など、死刑に関わる人たちの声に耳を傾けていくことが必要だ。そうしたことによってはじめて、日本の死刑制度について、存廃も含めた本格的な議論が可能となるのではないか。そうした思いが、取材を始めた原点にある。

国際的には死刑廃止や執行停止が多数派となる流れの一方で、日本国内では死刑制度をめぐる議論は低調なままとなっている。そうした現状に、本書が少しでも一石を投じるきっかけとなることを願っている。

ルポ　死刑／目次

DTP 美創

本書は２０１６年１月岩波書店より刊行された
『ドキュメント　死刑に直面する人たち～肉声から見た実態』に
最新の情報と追加取材の内容を加え、
加筆・修正したものです。

I　死刑の現実

1　死刑囚たちの日常

袴田事件、48年目の衝撃

東京拘置所の建物入り口に、黄色の半袖シャツと黒っぽいズボンをはいた男性が現れると、待ち構えていた報道各社のカメラから一斉にフラッシュがたかれた。

背中を丸め、左右に体を揺らすような動作をしながらも、しっかりとした足取りで迎えの車に向かう。一瞬、右前方に視線を投げかけたが、周囲の刑務官たちには目もくれず、そのまま車に乗り込んでいった。

男性は、袴田巖さん。１９６６年に静岡県内で起きた強盗殺人事件で逮捕され、１９８０年に死刑が確定した元プロボクサーだ。２０１４年3月27日、静岡地方裁判所は袴田さんの再審開始を認め、死刑執行の停止とともに即時釈放も命じた。

死刑囚の再審決定と釈放が同時に認められるのは初めてで、異例の司法判断は法曹関係者を驚かせたが、それ以上に人びとに衝撃を与えたのが、48年間にわたって自由を奪われ、うち30年以上は確定死刑囚として過ごしてきた袴田さんの姿だった。

袴田さんは、事件から1年以上たって血のついた衣服が捜査機関によって「発見」され、有罪の証拠とされたが、静岡地裁はＤＮＡの鑑定結果などから、警察が証拠をでっち上げたとの疑いを指摘し、これ以上の身柄拘束は「正義に反する」として、釈放を命じている。裁判で無実を訴え続けた袴田さんと、それを支えた弁護団、肉親、支援者たちの完全勝利だった。

だが、拘置所の独房に閉じ込められ、死刑執行の恐怖におびえた日々を過ごした袴田さんにとって、失ったものはあまりにも大きかった。

再審請求を先頭に立って行ってきた姉のひで子さんが、東京拘置所を訪れて再審開始決定を伝えても、袴田さんは「うそだ。もう帰ってくれ」と突っぱねるだけだった。釈放が決まり、アクリル板のない応接室で対面したひで子さんが「お帰りなさい」と肩に触れても、袴田さんは「うん、うん」とうなずくだけで、状況が飲み込めていない様子だったという。

無実を叫びながらも聞き入れられず、失意と絶望の中で半世紀近くを過ごしてきた袴田さんにとって、自らの感情を押し殺し、貝のように閉じこもることが「生きる術《すべ》」だったのだろう。

関係者によると、袴田さんには刑務所の被収容者などにみられることの多い「拘禁ノイローゼ（拘禁反応）」の症状が出ていた。自由のない環境下に追いやられることによる強いストレスから、心身に異常をきたす症状だ。暴れまわったり奇声を発したりするほか、外からの刺激に一切の反応を示さなくなってしまうなどのケースが知られている。

袴田さんの表情がうつろだったり、会話が成立しづらかったりするのも、拘禁ノイローゼによる症状のためだ。釈放後、袴田さんがホテルで、部屋の中を無言で歩き回っていたというのも、独房で行っていた行動を無意識に繰り返していたためと考えられる。

「妄想が現実世界を浸食しているかのよう」

元社民党衆院議員の保坂展人《のぶと》氏（現・東京都世田谷区長）は、議員時代の２００３年、東京拘置所でひで子さんとともに袴田さんと面会している。その際、袴田さんは保坂氏らと次のようなやりとりを交わした。

保坂氏　「今日はあなたの誕生日ですが、わかります？　67歳ですね」
袴田さん　「そんなことを言われても困るんだよ。もういないんだから、ムゲンサイサイネンゲツ（無限歳歳年月？）歳はない。地球がないときに生まれてきた。地球を作った人……（意味不明）」（中略）
「神の国の儀式があって、袴田巌は勝った。日本国家に対して5億円の損害賠償を取って……」（中略）
保坂氏　「袴田巌さんはどこに行ったのですか？」
袴田さん　「袴田巌は、智恵の一つ。私が中心になった。昨年儀式があった」

保坂氏　「儀式？」
袴田さん　「儀式だ……宇宙……。全世界のばい菌と戦っている。（ばい菌に）死刑判決を下している。昨年1月8日まで袴田巌はいた、もういなくなった。1月8日に全能の神である自分が吸収した。中に入っていった。私の智恵の一つ。なくなっちゃう」

やりとりの一部からも、長期の身柄拘束によって、袴田さんが通常の精神状態を保てていなかったことがわかるだろう。このころの袴田さんの様子は、保坂氏が２００４年８月22日に記した自身の活動報告から知ることができる。

袴田さんは13年前（１９９１年）から弁護士と会うことすら拒否してきた。それどころか、姉のひで子さんもここ7～8年は東京拘置所に面会に行っても「袴田という人間はいない」と面会を拒んでいたのだった。１９９９年に法務省矯正局と事前打合せの上、ひで子さんはわずか数分間、面会できた。しかし、ひで子さんと挨拶は交わしたが、「巌」と呼びかけると、「そんな人間はいない」とプイと外に出てしまったのだという。

実は、昨年3月10日に私は東京拘置所でひで子さんと弁護士の秋山賢三さん、小川央《よう》さん、岡島順治さんと共に25分間面会している（筆者注：前出の袴田さんが保坂氏と会話をしたときのことを指す）。「全能の神となった私が袴田巌を統合した」と連綿と妄想の世界を語り続ける袴田さんの様子は、長期拘禁と死刑との隣り合わせの緊張のためか、妄想が現実世界を浸食しているかのようだった。（中略）

袴田さんは、1回の食事に1時間以上をかけている。出されてもすぐには食べずに、じっと見つめているという。そして、冷めた食事をゆっくりと食べる。「運動」も拒否、房の中をぐるぐる回るのが日課だという。「入浴」以外に房の外に出ない。

釈放後の明るいきざし

袴田さんは釈放後、静岡県浜松市でひで子さんと2人暮らしをしている。２０２１年3月には85歳の誕生日を迎え、支援者からケーキや花束などが手渡されると笑みを浮かべながら受け取り、釈放当時と比べて表情が明るくなってきたという。

だが、妄想を引き起こす拘禁症状が出るなど、長年の拘置所生活による精神面への影響は続いている。支援者が開いた集会に出席した際には「戦いが始まった」などと、要領を得ない発言を続けることもある。高齢による体力の低下もあり、審理の長期化に耐えられるかという懸念も強い。

静岡地裁の再審開始決定後、静岡地検はこれを不服として即時抗告し、２０１８年6月11日に東京高等裁判所が再審開始を認めない決定を下した。高裁も死刑と拘置の執行停止は認めたことから、再び東京拘置所に収容されることはなかったものの、確定死刑囚としての不安定な立場はより脆弱《ぜいじゃく》となった。

その後、弁護側の特別抗告を受けた審理で、２０２０年12月22日、最高裁判所は再審開始を認めないとした東京高裁決定を取り消し、審理を東京高裁に差し戻す決定を下した。21年８月現在、高裁で弁護団と検察との３者協議が続いている。

散歩を日課としている袴田さんは、その理由を「ばい菌を監視するため」と語っていた。しかし、最高裁の差し戻し決定からは、そうした言葉は少なくなったという。「巌はばい菌を監視する必要がなくなり、『俺が勝った』と認識している」。ひで子さんは、そう話している。

一方、袴田さんが独房でどういった日々を送り、どのような処遇を受けていたのかの詳細は明らかになっていない。袴田さんの精神を蝕《むしば》ませた、確定死刑囚の暮らしとはどうなっているのか。東京拘置所の内部取材と、袴田さんら確定死刑囚の収容状況を知る人物の証言を交えながら、拘置所の厚い壁の向こうにある「死刑囚の日常」に目を向けてみたい。

東京拘置所の一日

２０２１年10月16日現在、日本には１１２名の確定死刑囚がいる（釈放中の袴田巌さんを含む）。裁判で死刑が確定すると、被告人から死刑囚となり、絞首による死刑執行施設のある拘置所に収容される。死刑執行施設は、札幌、仙台、東京、名古屋、大阪、広島、福岡の7拘置所に置かれている。刑務所ではなく拘置所に収容されるのは、確定死刑囚は執行によって死ぬこと自体が刑であり、服役囚のように刑務所で労務作業に従事する必要がないからだ。

このうち半数に近い53人と、最も多くの確定死刑囚を収容しているのが東京拘置所だ。東京の下町を流れる荒川近くの住宅街にあり、約３千人が収容可能な国内最大の刑事施設で、確定死刑囚のほか、東京23区内での被疑者や被告人、関東地方の控訴・上告中の被告人、受刑者を収容している。

１９７１年に東京・巣鴨から現在の葛飾区小菅《こすげ》に移転し、２０１２年3月には地下2階、地上12階、延べ床面積が約9万平方メートルに及ぶ新施設が完成した。巨大なオフィスビルのような灰色の建物で、中央に管理棟がそびえ、扇形の枠のように収容棟が配置されている。以前は高さ5メートル前後の外壁が周囲を取り囲んでいたが、圧迫感をなくすために撤去され、代わりにフェンスが設置された。

だが、その内部に一歩足を踏み入れると、外部の世界とは一変し、重苦しく張り詰めた空気

葛飾区小菅にある東京拘置所（提供：共同通信社）

が漂う。

死刑囚は「単独室」と呼ばれる独居房に収容され、その広さは約7・5平方メートル。特殊強化ガラスが入れられた窓に格子はないが、そこから見えるのは通路の先にある曇りガラスとよろい戸（ルーバー）のみ。空がわずかにのぞけるだけで、外の景色はほとんど見ることはできない。電車や車の音などもまったく聞こえず、外部から完全に遮断された空間となっている。

ここに収容されている確定死刑囚の一日は、裁判で判決の確定していない「未決拘禁者」の生活と基本的に同じだ。

午前7時に起床し、7時25分に朝食。11時50分の昼食と、午後4時20分の夕食をはさみ、5時の仮就寝（照明を暗くはしないが寝ることは可能）、9時の就寝と決められている。この間、運動や入浴なども行われるが、それ以外は基本的に余暇時間だ。民間業者と契約して、袋張りなどの簡単な作業に従事して報酬を得る「自己契約作業」をする場合もある。

拘置所内には確定死刑囚を専門に収容する「死刑囚棟」「死刑囚ブロック」といったようなエリアが存在すると思われがちだが、実際には一般の収容者と交ざるかたちで、分散して独居房に収容されている。

扇形の枠のようになっている4つの収容棟（A〜D棟）すべてに確定死刑囚が収容されているが、数の多いのがC棟とD棟の11階だ。それぞれのフロアには66の房（部屋）があるが、確定死刑囚が収容されるのはそのうちの30房ほど。確定死刑囚は一房ずつ間を空けて収容される。

確定死刑囚の入る房はいずれも奇数番号で、そこには監視カメラが取りつけられている。間の房には東京地検特捜部が扱った事件の被告人といった、社会的に著名な人物を入れることが多いが、周りの房に死刑囚がいると伝えられることはない。

運動も入浴も周囲と徹底的に隔絶される

確定死刑囚が一日の大部分を過ごす房は、建物の外壁から約1・5メートル内側に設置されており、通路を挟んだ「部屋の中の部屋」といった構造になっている。「内部を見たり、見られたりされたくないという近隣住民への配慮」（東京拘置所幹部）というが、被収容者にとっ

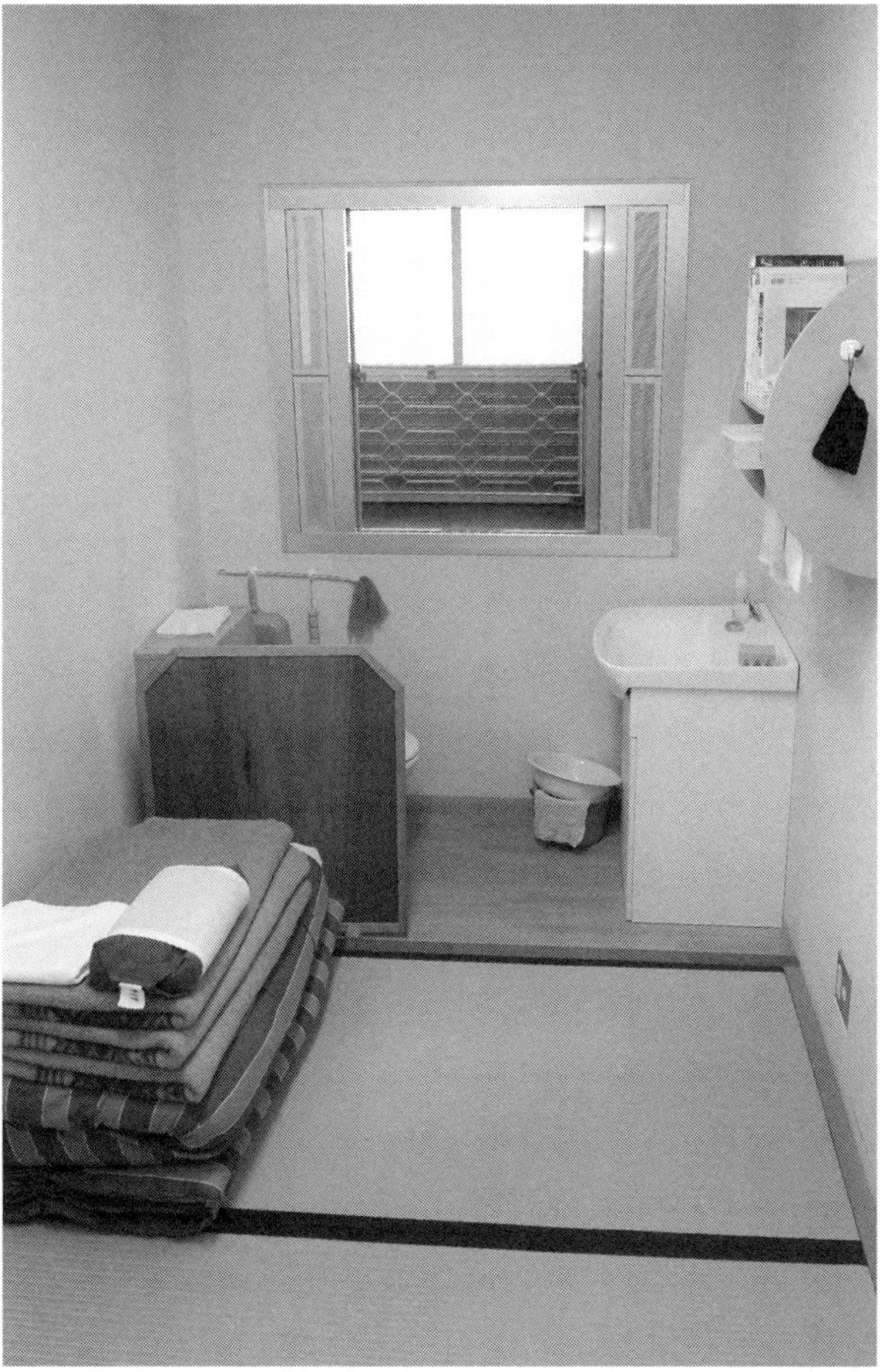

東京拘置所の独居房（提供：共同通信社）

てはかなりの心理的圧迫となることは間違いない。そのため、被収容者に過剰なストレスを強いているとして、改善を求める専門家の意見も根強い。

室内の壁は明るい白で、薄緑色の畳が3枚敷かれ、奥には洋式トイレと洗面所がある。洗面台の蛇口がボタン式なのは、突起物をなくして自殺を防止するためだ。洗面所の鏡は割れないフィルム式で、壁のフックも一定の重さがかかれば外れる仕組みになっている。

確定死刑囚が室内に持ち込める私物は、許可されたものを約120リットル分までと定められている。このほか、1個当たり55リットルのコンテナ（プラスチック製ケース）を3個まで「領置品倉庫」に預けられる。東京拘置所の領置品倉庫は完全にオートメーション化され、被収容者のデータをコンピューターに入力すると自動的にコンテナが抽出されてベルトコンベアに載せられ、係員の手元に運ばれてくるシステムになっている。その光景は、さながら宅配便などの物流倉庫にそっくりだ。

金銭は拘置所側が管理し、一定の範囲内で指定業者から食品や日用品を購入できる。食事は室内に置かれた小型テーブルでとる。自殺の可能性がある死刑囚には、木製の箸ではなく紙製のスプーンを与えることもあるという。

食事は主食のご飯が1日1200キロカロリー、副食のおかずは1日1020キロカロリーが基準。新施設が完成してから間もない2012年10月に取材に訪れた際、昼食メニューは

〈鶏のごま焼き、ナスのみそ炒め、タラのすまし汁、麦入りのご飯〉。担当の刑務官は「食事内容の評判はいい」と胸を張っていた。

室内では、ラジオの聴取は可能で、聞きたい場合はスイッチを入れると室内に音声が流れる。ニュースは録音したものが半日遅れで放送される。テレビの視聴はできないが、拘置所側が作成したリストから選んで、定期的にビデオを見ることができる。書籍の自費購入は1週間に3冊までが可能だ。

東京拘置所の1人用運動場
(提供:共同通信社)

余暇時間内に運動を行う際は、屋上に設置された運動場が使われる。時間は1日30分。10人ほどの被収容者を集めて運動できる場所もあるが、確定死刑囚の場合、左右が壁で奥にはよろい戸がある1人用の運動場で行う。

頭上には金網が張り巡らされ、その上に空が見えるものの、独居房と同じく外の景色を目にすることはできない。外の空気に直接触れられる貴重な機会ではあるが、車や電車の音がわずかに聞こえるだけの視界を制限された空間では、ストレスを発散するのは難しいだろう。

上からのぞき込むように刑務官が監視するための通路があり、確定死刑囚は縄跳びをしたり、体操をしたりしながら時間を過ごす。爪切りを行えるのもこの時間だ。

浴室も1人用を使用し、小さな浴槽とシャワーがついたユニットバスのような形になっている。外部から監視する際に一部が死角となるため、入り口外側の壁に半球形の鏡が取りつけられている。同拘置所での入浴は夏ならば週3回、冬は2回。入浴時間は原則1回につき男性が15分間、女性が20分間となっている。

心を支える「祈りの場所」

確定死刑囚たちは孤独と監視の中で時間を過ごすが、そうした「日常」から少しでも離れ、自己の内面を静かに見つめることのできる場所が「教誨室《きょうかい》」だ。希望者は、月に1回程度、宗教者である教誨師から教誨（教えや諭し）を直接受けられる。

教誨室は仏教とキリスト教の2つの部屋が用意されており、室内には祭壇や宗教関係の本などが置かれ、どこか落ち着いた雰囲気が漂っている。仏教の部屋では、畳の部屋に仏壇が設けられ、ろうそくが立てられている。キリスト教の方には、教誨師とともに賛美歌を合唱するためのCDプレーヤーもあった。さらに、教誨室の窓からは、普段は目にすることのない外の景色をわずかながらも見ることができる。

東京拘置所の教誨室（提供：共同通信社）

教誨には刑務官も立ち会うが、手錠や腰縄がされることもなく、穏やかな雰囲気の中で確定死刑囚と教誨師が向き合う。宗教の教えについて熱心に尋ねてくる者、自分の犯した罪の重さに対する苦悶《くもん》をぶつけてくる者……姿はさまざまだが、家族や友人など社会から隔絶された環境に置かれた被収容者たちにとって、すこしでも心を潤すことのできる貴重な場所となっているようだった。

拘置所側にとっても、被収容者の「心情の安定」を図るという重要な目的を果たす役割を担っている。被収容者の誰もが使える施設だが、東京拘置所によると、訪れるのは確定死刑囚が多いという。

このほか、拘置所内の医療施設には約10人の医師と、約20人の看護師が所属している。医療機関として病院指定も受けており、CTスキャンやレントゲンなどの本格的設備や、歯科治療のための機材も整っている。

「塀の中のエリート」が見た死刑囚

だが、確定死刑囚たちがどのように一日を過ごすかという流れはわかっても、実際の様子を知ることは困難だ。東京拘置所の取材に訪れた際も、確定死刑囚の収容されているフロアを訪れることは認められず、別のフロアで同タイプながら未使用の「単独室」を見ることができただけだった。

死刑判決が確定すると、死刑囚は外部との接触が厳しく制限され、許可された親族、友人以外とは面会や手紙のやりとりはできない状況に置かれる。法務省は、死刑執行を待つ身である確定死刑囚の「心情の安定」を理由に挙げるが、確定死刑囚の姿が厚い秘密のベールで覆われている事実に変わりはない。

収容中の確定死刑囚について、その具体的な状況を知る数少ない関係者の一人が、被収容者の身の回りの世話や食事の準備、配膳、清掃などの雑務をこなす「衛生夫」だ。

衛生夫は、判決で懲役刑が確定した受刑者のなかから選ばれるが、初犯で犯罪傾向が進んでおらず、一定程度の学力を有している人物が対象とされる。刑務官の右腕として働く、いわば

「塀の中のエリート」だ。東京拘置所にも、全体の被収容者のうち200人ほどが衛生夫として労務に服している。

このうち、ごく一部の衛生夫が、死刑囚が多く収容されているフロアの担当として配置される。東京拘置所で約2年にわたり、衛生夫として服役した江本俊之さん（仮名）もその一人だ。

江本さんは実刑判決が確定後、未決囚として収容されていた東京拘置所から移動せず、そのまま衛生夫として仕事に従事することとなった。衛生夫としての配属先が言い渡される際、担当の刑務官から「そこはブルーゾーンだから、とくに気をつけてほしい」と注意されたという。説明を受けた後、別の刑務官から、ブルーゾーンとは長期にわたって収容されている人のいる場所のことを意味すると教えられた。

「長いからいろんな人がいるので気をつけろよ。『長い』っていう意味は、わかるよな」

刑務官はそうつけ加えたが、最後までそのフロアに確定死刑囚が収容されているとは口にしなかった。

江本さんが担当したのはC棟の11階。66の独居房があり、30名ほどの確定死刑囚が収容されていた。配属されたその日から、各房へ食事を配ったり、掃除をしたり、頼み事を聞いたりと、確定死刑囚たちと身近に接することになった。そのなかには、オウム真理教の元幹部たちのほか、袴田さんも含まれていた。

独房の袴田さんが作り上げた世界

袴田さんは、C棟11階の入り口から最も離れた場所にある33房または31房に収容されていた。確定死刑囚たちは、逃走や自殺を防ぐために半年に1回ほどのペースで房が変更される。袴田さんは、この2つの房を変更の度に行ったり来たりしていたという。

ほかの確定死刑囚は、書類や書籍など多くの私物を室内に置いているケースが多いのに対し、袴田さんにはほとんど持ち物はなかった。本や新聞も読まず、差し入れもほとんど断ってしまう。事件や裁判に関する資料も皆無だったという。購入した歯ブラシも1週間ほど使えば捨ててしまう。室内には少量の衣服が置いてあるだけだった。

独房の中で、袴田さんは不自由なひざを押しながら、入り口から奥にかけて歩き続けることが多かった。その際はつぶやくこともなく、淡々とした表情で、ただ黙々と歩いていたという。死刑確定前には、拘置所内でシャドーボクシングをしていたこともあったが、江本さんは「そうした様子は一切見たことがないし、話に聞いたこともない」と言い切る。

袴田さんは1980年の死刑確定後、隣接する房にいた死刑囚が処刑されたことなどをきっかけに精神のバランスを徐々に崩していったとされており、80年代半ばには会話がかみ合わなくなっていた。

室内ではラジオのスイッチを入れることもなく、ひたすら歩き回るほかは、お茶を飲むことが多かった。しかし、ポットのお茶だけではなく、トイレの水までも飲んでしまうことがあったという。

食事はデザートを含め、出されたものをすべてご飯にかけて食べていた。空になったごはんの容器にはお茶を入れ、最後はすべてをなめて食器を返す。袴田さんは基本的に食事を残すことはなく、たまに残すことがあれば「体調が悪いのではないか」と担当の刑務官が心配するほどだった。

普段はほとんど話をすることがない袴田さんだが、フロア全体に響くほど声を荒らげることがあった。それは、姉のひで子さんらが面会に訪れたことを、刑務官が知らせに来た時だった。

「今さらなんだ！」

「俺には関係ない！」

袴田さんは、人が変わったように怒鳴り散らし、面会の申し出を拒否した。多くの確定死刑囚にとって、面会は外部との接触ができる数少ない貴重な機会だが、袴田さんには独居房の中に作り上げた自らの「世界」を壊される時間としか映らなかったのかもしれない。

衛生夫が感じた袴田さんの行動の意味

これといった変化のない拘置所生活を40年以上にわたって続けるなかで、袴田さんが独自の

「世界」を作り上げていったと、江本さんもみている。だが、袴田さんが認知症であるとの見方には懐疑的だ。

確定死刑囚は、拘置所側がいう「心情の安定のため」として、月に4回、房の中でビデオを見る機会を与えられている。確定死刑囚はテレビの視聴が許されておらず、ビデオは楽しみな「行事」の一つだ。

映画やテレビ番組などビデオのメニューは拘置所側がリストアップし、確定死刑囚はそこから自由に選べる仕組みとなっている。そのビデオの時間を、袴田さんは決して忘れることはなかったという。

「僕らがビデオ視聴の日を忘れるとすぐに報知器（筆者注：担当の刑務官を呼ぶボタン）を押すんです。そうして『今日はビデオの日でしょ』って言ってくる。これで認知症なのかな？と思うんです。だから、試したことがあるんです。配当でデザートがあるのですが、わざと入れなかったり。そうすると『今日、デザート来てないよ』と。献立もルーティンが決まっているからわかっている。入れないとすぐに報知器。怒るわけじゃなくて『デザート忘れてない？』と。40年以上いるから当たり前ですが、刑務官以上に拘置所の生活を熟知しているんです」

そうした袴田さんを、拘置所側はとくに気を遣って処遇していたという。江本さんは続ける。

「日常生活に少しでも変化があれば、すぐに担当の刑務官が飛んでいきます。薬も管理しているし、状態は24時間、監視カメラでチェックしている。週に1回のビデオ視聴では、房にテレビを入れるのですが、自殺しないようにコードをピンと張った状態で房の外まで延ばしていきます。拘置所側が気を遣うのは『病気や自殺など、執行以外で死なれたくない』『自分たちの不手際で死なせたくない』という意識が強いためだと思います」

拘置所内では、自らの資金で食品や文房具などの日用品を購入することができる。その際、被収容者は「願箋《がんせん》」と呼ばれる用紙に必要なものを記入し、拘置所側に提出することになっているが、以前は手書きだった「願箋」も、時代とともにマークシートに変わった。

だが、袴田さんはマークシートの記入法を理解できないため、旧来の手書き方式が特別に認められていた。その際、氏名の記入欄には「袴田巖」とは書かず、いつもお経のように長い漢字を書き連ねていたという。

「なんとか大王とか神とか、そういった文字を盛り込んで『名前』を作っていました。でも、漢字は正しく書けていないことが多く、その『名前』はいつも違っていました」

それでも江本さんは、袴田さんの行動は「長い時間軸で見たら、決しておかしいとは言えない」と話す。

「デザートで出されたイチゴ牛乳をごはんにかけて食べるのも、別の名前を願箋に記入するのも、それだけを取り出せば異常な行動に映るかもしれません。でも、気が遠くなるほど長い拘置所生活のなかで、すこしでも変化を出そうとするための行動とも考えられるのです」

普段は面会や差し入れを断っていた袴田さんだが、時折、ひで子さんから花が差し入れられると、受け取って青いバケツに入れて飾ることもあった。風呂上がりには、クシで髪をセットすることを忘れなかった。

「自分がなぜここにいるのか考えたくないし、考えないようにしている。その代わりに、今の生活をどう謳歌《おうか》するかを考えている。ここが自分の中の世界で、それをどう満足させるか。袴田さんの日常からは、そうした思いが感じられました」

江本さんは、そう振り返った。

2 死刑囚たちの胸中

なぜ死刑囚は外部との接触が許されないのか

裁判で死刑判決を受け、確定すると、それまでの「被告人」から「確定死刑囚」となり、置かれた立場は一変する。再審請求や恩赦の可能性は残しつつも、基本的には心を落ち着かせ、犯した罪を受け入れて、静かに死を迎えさせることが処遇の基本となる。そのため、余計な「雑音」によって心情が乱されないようにと、確定死刑囚たちは外部の情報から遮断された環境に置かれる。

それを端的に示しているのが、手紙のやりとりや面会など「外部交通権」の厳しい制限だろう。

被告人の段階では、裁判所による接見禁止命令が出されていないかぎり、面会や手紙のやりとりは基本的に自由だ。しかし、確定死刑囚になると、施設長による特別の許可がある場合を除き、①親族、②婚姻や訴訟、事業で面会が必要な人、③心情の安定に資する人、に限られる。関係者によると、実際の運用では、親族や弁護人以外で面会ができるのは、最大で5人までとされているという。

以前は1963年の法務省矯正局通達によって、心情の安定を害するおそれのある場合は許可を与えないとされ、親族や弁護人などに限られていた。しかし、2006年の「刑事収容施設及び被収容者等の処遇に関する法律」の改正によって、認められる範囲が広げられた。法改正以降は、交友関係の維持なども外部交通権を許可する理由に挙げられているが、実際の運用は施設長の判断に委ねられており、明確な基準が存在するわけではなく、厳しく制限されていることに変わりはない。

また、拘置所内では、確定死刑囚が互いに交流する機会は基本的にはない。収容されるのは独房で、居室外で運動や教誨などの行事を一緒に受ける「集団処遇」も実施されていない。過去には、確定死刑囚が集まって卓球やバドミントンに興じたり、誕生会などの行事を行ったりしていた時期もあった。執行があった際には、残された確定死刑囚たちが冥福を祈る機会もあったという。

だが、法務省によると、そうした集団処遇は1996年からは行われていない。拘置所によって集団処遇を実施している所とそうでない所の差が出ないようにし、「公平な処遇」を行うためというのが理由だが、確定死刑囚たちは、常に孤独な生活を強いられていると言える。

死刑が確定することによって面会や文通の機会は激減し、拘置所内では刑務官以外と会話を交わすことは基本的に禁じられてしまう。このため、確定死刑囚のなかには、何年もの長期にわたって会話をする機会がなく、失語症のような状態に陥るケースもある。

ある法曹関係者は「死刑囚は執行で生命を奪われることによって刑をまっとうする。しかし、死刑の確定によって外部との接触がほぼ断たれ、執行の前にその存在が社会から抹殺されてしまうことになる」と指摘している。

米国ではインタビューも撮影も許可される

では、確定死刑囚たちは、いったいどんな人物なのだろうか。

新聞やテレビ、雑誌などのメディアは、事件の発生や被疑者の逮捕、取り調べや起訴、公判といった段階では、その横顔について情報を流す。事件の内容や社会的なインパクトによっては、個人の生い立ちや家族構成、日常生活、交友関係など、事細かい部分まで取材がなされ、記事にされることも少なくない。ときには、収容されている拘置所にジャーナリストが出向き、直接インタビューを行ったり、手紙のやりとりを行ったりして事件の真相に迫ろうとすることもある。

だが、そうした取材の機会は、死刑の確定とともに遮断されてしまう。たとえ確定死刑囚本人が望もうとも、ジャーナリストが拘置所で面会をすることは法務当局から許可されず、手紙を直接やりとりすることも不可能となる。死刑判決が確定してしまえば、その姿を現在形で知ることはほとんどできない。

確定死刑囚に対する処遇の姿勢は、先進国主体の経済協力開発機構（ＯＥＣＤ）加盟国（38カ国）で日本のほかに唯一、死刑執行を続けている米国（州によっては廃止）と比較すると、情報公開の面で非常に消極的であることがわかる。


米国では、死刑執行の予定が、本人はもちろん、メディアに対しても公開され、執行の際には被害者遺族や家族のほか、記者が立ち会えるケースも多い。面会の制限も緩やかで、確定死刑囚が拘置所内でメディアの取材を受けることも珍しくない。

執行までの姿を追ったドキュメンタリー番組が制作されたこともあるほどで、刑務所長や執行に携わる刑務官などがインタビューに応じ、死刑に関するさまざまな情報を公開し、ときには自らの意見も述べる。死刑問題を扱うＮＰＯが持つ情報は豊富かつ具体的なもので、インターネットに接続すれば、ホームページからそれらを容易に知ることができる。

私は２０１６年3月に取材で米国テキサス州を訪れ、確定死刑囚にインタビューをしたことがある。その際、まず行ったのは州司法省のホームページで確定死刑囚の一覧と事件内容を確認し、公開されている司法省の担当者のメールアドレスに、インタビューを申し込むことだった。

数日後、私が指名した死刑囚のうち、誰がインタビューを受諾し、誰が断ったかについて連絡が来て、そのうちの一人にインタビューをしたいとあらためて連絡すると、ほどなくして日時を指定する返信が来た。

インタビュー当日は、厳重な持ち物検査などは行われたものの、カメラマンによる撮影は自由で、面会時間は1時間。強化ガラス越しに電話で会話をする形式だったが、刑務官にICレコーダーを渡すと、中に持って行って確定死刑囚の胸にマイクを付けてくれたほどだった。死刑に関する情報はできるだけ塀の中に押しとどめようとする日本と比較すると、その差はあまりにも大きい。

死刑囚78人が答えたアンケート調査

そのような状況の中で、外部から確定死刑囚とコンタクトを取ることのできる数少ない手段の一つが、国会議員を通じた手紙のやりとりだ。確定死刑囚たちの処遇実態を知ることは、議員にとっての国政調査権に属するため、手紙の差し出しや受領が可能となっている。

これまでも、死刑廃止を求める市民団体が、国会議員を通じて確定死刑囚にアンケート用紙を送り、回答が寄せられたことがあった。また、２０１２年9月から11月にかけて、社民党の福島瑞穂《みずほ》参院議員が１３３名の全確定死刑囚（当時）にアンケートを送付し、うち78名から回答を得ている。

このアンケートを実施する際には、質問内容を決める過程で、当時、共同通信の調査報道チーム（特別報道室）に所属していた私も関わった。福島議員のスタッフらと協議して文面を決め、福島議員側が法務省の担当者にアンケート送付の旨を申し入れた後に、返信用封筒を同封して送付している。

アンケートの説明文には、確定死刑囚の処遇などに関して実態を知るためのものであると記載し、結果については「報道機関を通じて公開する」との断り書きを添えた。公開を前提としたことについて、福島議員のスタッフは「日本で死刑に関する議論がなかなか深まらないのは、法務省が情報を極端に制限していることに大きな要因がある。死刑囚の実態を知ることで、そうした現状に一石を投じることができるのではないかと考えた」と話している。

このアンケート結果は２０１２年12月28日、共同通信が「6割が執行の事前告知望む／過半数が絞首見直しも／確定死刑囚アンケート」として報じたほか、福島事務所を通じてほかのマスコミにも提供され、２０１３年2月15・22日号の『週刊ポスト』が「死刑囚78人の肉筆」として記事を16ページにわたって特集した。

この中では、アンケート用紙に書かれた確定死刑囚の文字の一部がそのまま掲載されたが、法務当局はこれに激しく反応し、福島事務所の関係者に強い口調で抗議の意思を伝えてきたという。法務当局が、いかに確定死刑囚を外部から遮断した世界に閉じこめておきたいかを示す、格好のエピソードでもある。

手書き文字から伝わるリアルな姿

アンケート用紙は、返送する際に抜け落ちがないように複数枚にはせず、A3用紙1枚にまとめ、表と裏に質問と回答スペースを設ける形をとった。名前や拘置先などを記入する欄に続き、以下のような質問項目と、それぞれの回答欄を設けた。

①再審請求の有無
②被害者への感情
③死刑執行を事前に告知されたいか（その場合はどのくらい前か）
④執行方法の見直しは必要か
⑤終身刑導入や死刑制度への見解
⑥面会、文通、医療などについての意見

過去の市民団体によるアンケートでは、冤罪《えんざい》を訴えているケースがあることから①や⑤のほか、⑥など拘置所内での生活について質問し、処遇の問題点を指摘するといったかたちをとっていた。だが、このアンケートでは、執行の事前告知や執行方法の見直しといった、確定死刑囚たちが直面している「執行による死」の問題についても正面から問うている。

確定死刑囚にとっては酷な質問かと躊躇《ちゅうちょ》もしたが、死刑制度の現実や問題点を知るうえで必要と判断し、最終的に盛り込むこととした。

寄せられた回答は、当然ながらいずれも確定死刑囚が直接、記入したものだ。小さく端正な文字や、無力感を示すように書き殴ったような文字が並ぶ。それぞれの筆跡、そして用紙に刻まれた筆圧からは、塀の中で日々を送る確定死刑囚たちのリアルな姿が伝わってくる。アンケート用紙や、書き足りずに用いた便箋には、それぞれが収容されている拘置所の検閲印が押されているのも特徴だ。

約8割が面会や文通の制限緩和を希望

回答を寄せた78名のうち、8割近い60名が望んでいたのが、面会や文通に関する厳しい制限の緩和だった。「一切の制限、人数制限を取り払うべき」（連続リンチ殺人、小林正人死刑囚＝東京拘置所）との反発のほか、「外部交通の制限に使っている労力を他に使って頂いた方が、収容者にも施設側にもメリットがあると思います」（匿名希望＝東京拘置所）といった意見もあった。

面会や文通の制限は、死刑囚の孤独感を一層募らせる。小林竜司死刑囚（東大阪大生ら2人リンチ殺人＝大阪拘置所）は、その思いをこう記している。

「どんな悩みよりも、外部交通の制限がシビアすぎて社会との隔離が死ぬまで続くことから、それにより生きながらにして周囲の人たちや世に忘れ去られていくという現実（現状）がはるかに辛いです」

このほか、判決への部分的異議を含めて78名中46名が再審請求中と回答。さらに13名が再審を準備していると答えている。また、10名以上が全面的な冤罪を訴えており、埼玉・愛犬家ら連続殺人、風間博子死刑囚（東京拘置所）は「一に再審、二に再審、三四に再審、五に再審です」と訴えている。

拘置所内には医療設備が整えられているが、これに対する確定死刑囚の見方は「親身になってあつかってくれている」（匿名希望＝東京拘置所）というものから、「とにかく医師らの質が低すぎる」（三重連続射殺、浜川邦彦死刑囚＝名古屋拘置所）といった批判までさまざまだ。

「『（白内障治療で）自費でいいので手術してほしい』旨申し上げているのですが、所側の対応、又は回答として　①緊急性がない　②日常生活に支障がないとのことです。『支障がない』といっても何を基準にしているのかサッパリわかりません」（山梨・宝石商殺人、猪熊武夫死刑

囚＝東京拘置所）

「検査がなく対症療法しかしない。最近はペットでも、また、野生の動物でも保護され、検査があるが、そして治療もあるが、人間として扱われておらず動物以下である」（匿名希望＝名古屋拘置所）

こうした声がある中で、連合赤軍事件の坂口弘死刑囚（東京拘置所）は「先天性の心臓病を抱えています。手術以外に治しようがないのに、ここでは手術ができないので、自己治療（尿療法）で小康を保っています」と、自らの近況を伝えている。

だが、マブチモーター社長宅殺人放火事件の畠山（旧姓・小田島）鉄男元死刑囚が記した回答は、あまりにもシニカルだ。

「死刑確定者にとって、吊される前に病死できることは望外の幸せのひとつだと私は思っているので、当所医療には不満ないです」

東京拘置所に収容されていた畠山元死刑囚は、２０１７年１月に食道がんが見つかったが、積極的な治療は望まず、その年の９月に死亡した。まさに、本人の望んだ通りの結末になったのだった。

独房で日々、何を思っているか

懲役刑と違って労役の義務が課せられていない確定死刑囚は、一日の大半を拘置所の房内で過ごす。司法によって強制的な死を宣告され、その時を待つ確定死刑囚たちは、閉ざされた空間の中で何を思っているのだろうか。

「死ぬ時のことばかり考えている」（匿名希望＝東京拘置所）

「（関心があるのは）短期には目前の執行、長期には地球温暖化問題」（坂口弘死刑囚＝同）

こうした記述からは、確定死刑囚の日常の中で、いつ訪れるかも知れない執行の日が、常に頭から離れない様子がうかがえる。また、自らが犯した罪に対する後悔の念とともに、被害者に対する謝罪の気持ちを書き連ねる確定死刑囚も多い。

２０１４年６月26日に東京拘置所内で病死した、３人誘拐・うち２人殺人の岡崎茂男元死刑囚は、心中をこう書き記していた。

「一言で気持ちを表すのは難しい。とんでもない事に加担したと思っている。申し訳ない気持ちで一杯である。伝えられる事なら伝えたいが虚しい気持ちが先にたつ。命日の７月16日と21日が毎年辛い。食欲は無くなり眠れなくなり、大きなストレスが来る」

また、岐阜県・大阪市の女性２人殺人の大橋健治死刑囚（大阪拘置所）は「悔いばかりで何もありません」と、短い一文を書いている。

一方、そうした生活の中で、わずかながら楽しみを見出すこともある。その多くは、家族や友人、支援者らとの面会や文通だ。数少ない外部との接触は、確定死刑囚にとって大きな心の支えになっている。また、読書やＤＶＤ鑑賞も、同様に拘置生活の心を癒す材料だ。

２０１８年12月に大阪拘置所で死刑執行されたコスモ・リサーチ事件の岡本（旧姓・河村）啓三元死刑囚は、娘との面会や文通を通して「我が子との交流のなかで、娘が人間的に成長してゆく姿に喜怒哀楽していることです。悩みは監獄で生き続けることの難しさを日々感じます」と記していた。

だが、どの確定死刑囚にも面会や文通ができる家族がいるとは限らない。家族や友人に見放され、孤独を強いられているケースも少なくない。京都・大阪連続強盗殺人の神宮（旧姓・広田）雅晴死刑囚（大阪拘置所）が書いた「楽しみは夢の中で娘と逢って会話をすること」という短い一文には、その孤独の苦悩がにじみ出ている。

さらに、長期にわたる拘置生活への疲れと、死刑という現実を前にしたやるせなさからか、自棄や虚無感におそわれていると思わせる記述もある。

猪熊武夫死刑囚は、自らが犯した罪は１９８４年に発生しており、アンケート時点でそれから28年が経っていることから「事件から30年近く経過し、かつ共犯も他界してしまったので、被害者に対する思い、遺族の方々に対しても同様、感情的なものが薄れてしまった」と、心情を吐露している。

また、2017年に病死した畠山鉄男元死刑囚は、先に記した医療面での処遇に対する回答と同様、シニカルな記述をしていた。

「吊されて殺されるのを待つだけの人間に、本当の意味で関心を寄せることなどあり得ません。どうせ殺される者には、平常時より100〜1000倍の放射能を垂れ流し続ける福島事故で将来何万人死のうと、日本の経済の先行きがどうなろうと、全くどうでもいい。核廃棄物の処理技術、廃炉技術の未確立のまま、いっそのこともう2〜3箇所で原発事故発生とか、3・11の5〜10倍もの震災でも発生しないかな！　と思うくらいのものです」

一方、中国人留学生ら2人殺人の加賀山領治元死刑囚（大阪拘置所）は「人生は何回でもやり直せるとかいうけど、そういうのは嘘で、人生は何事においても一発勝負だという事が今頃になってようやく気がつきました。これから残りの人生はオマケの人生として生きていこうと思います」と記した。加賀山死刑囚はアンケートの回答から約1年後の2013年12月12日に死刑執行されている。

死刑囚が考える「死刑制度」

このアンケートでは、確定死刑囚本人に対して現行の死刑制度について質問を行っている。主に「死刑制度の是非」「死刑執行の事前告知の是非」「執行方法（絞首刑）の見直しについて」の3点で、関連して「死刑の代替刑としての終身刑導入の是非」についても問うている。

　前述したとおり、確定死刑囚に対して死刑制度そのものについて問うことには、当初は躊躇があった。質問には、絞首刑の見直しなど、確定死刑囚にとってはデリケートなものも含まれており、法務省の弁を借りれば「心情の安定」を乱すのではという懸念もあったからだ。

　実際、東京拘置所の確定死刑囚（匿名希望）からは「皆ギリギリのところでしずかに生活しているのです。（中略）一生懸命に警察検察裁判所のおかしなところを弁護人と話し戦っているのです。その一生懸命に戦っている人たちに、現行制度を答えられるわけがないじゃありませんか」といった、質問に対する抗議が寄せられた。

　だが、そうした声はこの1通のみで、回答を寄せた確定死刑囚たちは、時に饒舌《じょうぜつ》と思えるほど、現行の死刑制度に対して意見を記している。

　最も多くの記述が見られたのが、死刑制度に対する賛否だった。そこでは、さまざまな理由から死刑制度に対して否定的な記述が目立った。

「反対。自分も人を殺しておいてなんですが、だからこそわかることもあります。人の命はこわれてしまえば、二度ともどすことができない。死んでしまって、なにがつぐないでしょうか？　死ぬことが、つぐないになるのでしょうか」（匿名希望＝東京拘置所）

「反対。人間の生きる権利を残酷に根こそぎ奪うものだから」（坂口弘死刑囚＝東京拘置所）

「反対。人は変り得るものだから」（連続企業爆破、大道寺将司元死刑囚＝東京拘置所、2017年5月24日病死）

「国民の多数の死刑制度賛成派の方々は、死刑について遺族の方々が死刑を望んでいるのだから、とか、もし自分の家族が殺されてしまったら当然死刑を望むだろうと考え、死刑賛成になっている人が多いとも思います。しかし、逆に死刑制度を支持している人は、もし自分や身内の人が何もしていない無実なのに逮捕されて、死刑判決を受けてしまった時、それでも死刑制度が正しいと思うのでしょうか」（マニラ・長野3人殺害、下浦栄一死刑囚＝大阪拘置所）

「絶対反対。自分が死刑確定者だから反対というのではなく、恣意的にこれが適用、運用されているからです。3名殺害で無期、1名殺害で死刑。実際にこのような裁判は存在します」（福岡・強盗殺人放火、尾田信夫死刑囚＝福岡拘置所）

そうした反対意見のなかには、代替刑として終身刑を導入することに積極的な声もある。

「（終身刑の導入に）賛成です。終身刑の問題点について、どうこう言う人がいますが、それは導入後に現実の状況を見て議論すればいいのではないでしょうか」（匿名希望＝東京拘置所）

「仮に死刑の替わりに終身刑を導入するとすれば、今の凶悪事件はかなりの減少が予想される。なぜなら、ある程度の計画をもって（強盗殺人など）凶悪犯罪を起こす犯人は、もちろん成功する事を考えているが、たとえ失敗しても近い将来に死ねる（＝死刑）とも考えるため、短絡

的にあるいは容易に殺人を実行する傾向にあるものと推察する」（古美術商ら殺害、山口益生死刑囚＝名古屋拘置所）

死刑制度に反対の意見が多いなかで、揺れる心境を書いたものもある。大牟田4人殺害の北村真美死刑囚（福岡拘置所）は「死刑という制度がある以上、それに逆らう事ができないし、4人もの人の命を考えれば仕方ないのかと思うが、叶うものならば生きて償い祈りたい」と、複雑な心境をのぞかせた。

絞首刑執行への恐怖

さらに、執行方法についての質問では、回答した78名のうち44名が見直しを希望していた。「（絞首刑は）最も野蛮で残虐で非人道的な殺し方」（2人強盗殺人、山野静二郎死刑囚＝大阪拘置所）など、現行の絞首刑に対する拒否感が浮き彫りとなっている。

44名のうち25名は、執行方法を絞首刑から、米国などで採用されている薬物注射に変更するよう求めていた。

猪熊武夫死刑囚は、がん手術で全身麻酔を経験したことから「薬物注射が最良」と言い切る。強盗殺人の倉吉政隆死刑囚（福岡拘置所）も「絞首刑でも3〜4分で逝けるので、どうってことはないけれど、人としての心で考えたら執行までの期間を何十年も苦しんで、その償いはしていると思うので、薬物注射の方がいいのではないでしょうか」との考えを述べている。実際に執行に携わる刑務官の負担軽減を理由に「自らが薬物注射のスイッチを押す」（オウム元幹部、宮前〔旧姓・岡崎〕一明元死刑囚）との方法を提案する回答もあった。

このほか、大牟田４人殺害の井上（旧姓・北村）孝紘死刑囚（福岡拘置所）は「薬物注射、自害（切腹、銃自害）など本人に選ばせるとよい」と回答している。

「死刑のあり方を二者択一の選択制度とする。（Ｂ）自己完遂（自ら、その薬物などを服用し刑死と成す）、（Ａ）自分で完遂（服用）できぬため、従来通りその『刑死』を執行として刑務官氏に委ねる」（福岡・連続保険金殺人、吉田純子元死刑囚＝福岡拘置所、２０１６年３月25日執行）との意見もあった。

だが、執行方法の見直しを求める声に共通しているのは、絞首刑に対する拒否反応だ。

神奈川県で主婦２人を殺害したとして強盗殺人罪などに問われた庄子幸一元死刑囚（東京拘置所）は「舌骨が折れ眼球が飛び出し、口中、耳鼻孔より止めどなく血が流れ、１本のロープに吊されて死が確定するまでくるくると身を回転させ、けいれんを続け、絶命する時間をいつも想像している」と記述している。「身体の損壊がない執行（をしてほしい）」と恐怖心を露わにしていた庄子元死刑囚は、２０１９年８月２日に絞首台の上に立つこととなった。

告知時期の問いから見えた心の揺らぎ

また、執行方法とともに変更を求める意見が多かったのが、死刑執行の言い渡し時期についてだった。

法相による死刑執行の指揮書は、検察官によって死刑囚の収容されている拘置所長らに通知される。指定された執行の日は、指揮書を受け取った日から5日以内とされており、拘置所側は早ければ5日前には執行の日を把握していることになる。

だが、現行の死刑制度では、死刑囚は直前までその事実を知らされることはない。その日の朝、突然に死刑囚は独房から引き出され、刑場に連行されていくことになる。これに対し、回答を寄せた78名のうち6割以上にあたる51名が、死刑執行を当日ではなく事前告知するよう求めている。

死刑執行の告知時期については、じつは法的な規定はない。1970年代前半までは前日や2日前に執行の事前告知が行われており、死刑囚は遺書の執筆や親族との最後の別れが可能だった。しかし、告知を受けた死刑囚が自殺する事件が起き、その後は当日の言い渡しになったという。

告知の具体的な時期については前日から1週間前を希望と回答したのが24名。1カ月前との希望も9名いた。1カ月前を希望した坂口弘死刑囚は、こうつづっている。

「執行手段ももちろん重要な問題ですが、死刑確定者にとっては告知問題がより重要です。確定者の願いは犬や猫を殺処分するような現行の執行手続き（それは手続きなどと呼べるものではない）を改め、死刑確定者の人間としての尊厳と品位を尊重し、人間の生命を扱うのに相応《ふさわ》しい手続きに変えていただきたいという切なるものです。およそ民主主義国家に相応しくない現行の執行手続きを存続させることは国家の大きな恥です」

このほか、山野静二郎死刑囚は「現世を去るという、人として最大、最期の時に際して、会っておかねばならない人や話しておかなければならない人や、書いておくべきことや、自分自身の心の整理を人としてやっておくことは絶対に必要である。それをせずして突然執行されてしまえば死しても悔いと恨みが残るであろう。非人道的である」と記す。

一方、事前告知は不要と回答した者も4名いた。

倉吉政隆死刑囚は「別に知らせてもらえなくても、その時期が来ればそれなりに感じ、自分で自然と悟ると思いますので、その日が来るまでは普通通りに生活をしていれば、死刑だの執行だの考えて悩むようなことはないと思います」と、淡々とした筆致をみせる。

だが、確定死刑囚がそうした「境地」に達するのは容易なことではない。

「（事前告知を）してほしい、してほしくないのどちらも嫌である。事前告知されたら自殺を考えるだろうし、突然執行されるのもその時に何をするかどんな行動をとるかわからない」

女性2人殺害の兼岩幸男死刑囚（名古屋拘置所）は、揺れる心境をこう書いていた。

男女2人刺殺の中山進元死刑囚（大阪拘置所）は「私はおとなしく殺されてやらない。一生、忘れさせない」と、激しい感情をアンケート用紙にぶつけていたが、そうした局面に遭うことなく2014年5月15日に大阪医療刑務所で病死している。

51名が事前告知を求めるとしながらも、こうした意見を書き添えた死刑囚は決して多くなかった。逆に、処遇や死刑制度に対する意見などを詳しく書き連ねながらも、事前告知の賛否を尋ねる項目では、具体的な時期だけを小さな文字で記した回答が目立った。そこには、事前告知を望みつつも、執行という現実を改めて突きつけられた死刑囚たちの心の揺らぎがのぞいている。

3 オウム元幹部13人への執行

果たされなかった面会

２０１８年７月６日朝、安田好弘弁護士は大阪の伊丹空港にいた。オウム真理教の教祖だった松本智津夫（教祖名・麻原彰晃）元死刑囚の弁護人を務めていた安田弁護士だが、元教団幹部の新実智光元死刑囚、中川智正元死刑囚について、再審や恩赦についての弁護を担っていた。その日は、大阪拘置所に収監されている新実元死刑囚と面会するため、早朝の便で東京から大阪に向かっていたのだった。

安田弁護士は、伊丹空港に到着した後、東京・赤坂にある自身の事務所に電話を入れた。羽田空港を出発する間際の午前７時半過ぎ、報道各社からの問い合わせを通じてオウム元幹部への死刑執行があるとの情報をつかんでおり、確認をするためだった。そこで、松本元死刑囚のほか、これから面会に行く予定だった新実元死刑囚、そして広島拘置所に収容されていた中川元死刑囚に、刑が執行されたことを知った。

「再審準備のための弁護人として、新実さんと中川さんとは定期的に面会していました。１カ月に１回くらいでしょうかね。その日は新実さんと午前中に会う段取りになっていました。

（執行のニュースを聞いて）国家の強さというものを、まじまじと実感させられましたね」

午前7時半過ぎに、安田弁護士のもとへ記者からの問い合わせがあったことからわかるように、松本元死刑囚らへの執行は事前に報道各社へリークされていた。当日の午前8時過ぎから、テレビ各社が「法務省が松本死刑囚らの死刑執行手続きを始めた」と速報し、新聞・通信の各社もインターネット上で報じている。

特別番組を組んだ民放の中には、死刑が確定している元教団幹部の顔写真をボードで示し、執行が確認された人物には「執行」というシールを張り付けるなど、選挙での当確を打つような手法で報じたところもあり、報道は一気に過熱していく。

死刑が執行されると法相による臨時記者会見が行われるが、通常は開催の1時間ほど前に法曹記者クラブに通告され、会見の具体的内容は明らかにされない。死刑執行があったのか、誰が執行されたのかは、各社の担当記者が刑事局など法務省の幹部に取材をして確認するしかなかった。

だが、この日は上川法相の臨時記者会見を待つことなく、午前10時過ぎに菅義偉《すがよしひで》官房長官が記者会見で松本死刑囚の死刑執行について「報告を受けている」と認める発言をしている。また、法務省も午前中のうちに執行された7人の氏名や執行場所を発表し、こうした動きを受けて地下鉄サリン事件の遺族やオウム真理教の元幹部・上祐史浩《じょうゆうふみひろ》氏が記者会見を行うという異例の展開となっていたのだ。

地下鉄サリン事件や松本サリン事件など、オウム真理教が起こした一連の事件に関する刑事裁判はこの年の1月に終結していた。これを受けて法務省は3月、死刑が確定した元幹部13人全員が収容されていた東京拘置所から、7人を仙台、名古屋、大阪、広島、福岡の各拘置所に移送した。いずれも確定死刑囚が収監され、死刑を執行する施設のある場所だ。移送は死刑執行に向けた準備の一環とみられていた。

安田弁護士は「もう、いつ執行されてもおかしくない状況でした。今日か明日か、という状態の日々が続いていました」と振り返る。だが、新実元死刑囚が執行に対する恐怖を口にすることはなかったという。

「彼は死刑になることを、僕の前ではまったく恐れていなかったですね。松本死刑囚への信仰心は強固で、教祖への執行を阻止したいという気持ちはありましたが、彼の口から死刑に関する考えを聞いたことはありません」

新実元死刑囚は、安田弁護士の助言を受けながら、法務省の中央更生保護審査会に「恩赦の出願書　補充書1」という文書を提出している。中央更生保護審査会は、恩赦を実施するか審査する機関で、新実元死刑囚は大阪拘置所に移送後の5月に恩赦の申請書を提出しており、その意見補充書として書かれたものだった。

文書では、自らが一連の犯行において「首謀者、主犯ではなく、従犯として処断されるべきもの」として、死刑が不当であると主張している。その上で、「生きとし生けるものとしての『私』と見た場合、どんな悪人であろうが、生きて償うことの方が、慈愛に満ちた行為の選択です」と述べ、無期懲役に減刑することを求めている。

また、犯行に至ったことについては「霊性と知性が足りなかったのでしょう。深く反省しています」とし、「今後も、事件の責任を他人に転嫁せず、その責任を真摯に受け止め、反省の日々を送る所存です」とつづっている。

この補充書の提出日として記されているのが6月28日。死刑が執行される、わずか8日前だった。

遺体と対面した妻が見たもの

新実元死刑囚は2012年8月、オウム真理教の後継団体「アレフ」の元信者だった女性と獄中結婚しており、死刑執行後、遺体はこの妻が引き取った。執行があった日の模様などをつづった妻の手記が、月刊誌『創』の2018年12月号に掲載されている。

手記によると、妻は新実元死刑囚が大阪に移送された後、連日のように面会を続けており、執行当日も午前8時に大阪拘置所を訪れた。面会の申し込みをすると、受付窓口まで来るように放送で呼ばれ、出向くと刑務官に「今日は会えません」と言われたという。

「どうしてですか？」と聞くと「お答えできません」と言われました。

その時に、嫌な予感がしました。

「執行ですか？」と泣きそうになりながら何度も聞くわたしに、刑務官は「何もお答えできません」「本人の都合です」「ここにいても会えません」と必死に言うのです。もうひとりの刑務官を見ても、厳しい表情を浮かべるのみでした。（中略）

「本人から連絡が来たら会えますか？」と聞くと、刑務官が非常に苦しそうな表情を浮かべ、「然るべきところから連絡が……」と言いかけました。

その瞬間、執行を悟りました。

妻は一旦、拘置所の外に出たが、午前10時過ぎに拘置所から電話があり、新実元死刑囚の刑が執行されたことを告げられた。遺体と遺品の引き取りのため、すぐに拘置所へ向かった。拘置所内の応接室で渡された死亡診断書には、死因の欄に「刑死」と書かれ、執行時間は「8時

33分」、死亡確認時間は「8時49分」と記されていたという。その時の気持ちを、妻は「16分も吊るされてたんだ、と思いました」と、つづっている。

遺体とは拘置所で対面できず、搬送された葬儀会社で会うことができた。

「服の下に手を入れ、心臓の上に手を置くと、熱いままでした。本当に穏やかな顔でしたので、『やっと楽になれたんやね』と言いました」。葬儀会社の職員からは、棺《ひつぎ》に入っていた物として500ミリリットルのペットボトルのお茶と水がそれぞれ1本、饅頭《まんじゅう》2つ、そしてプラスチックのコップが渡された。執行直前に渡されたとみられ、水のペットボトルが少し減っていたという。

妻の自宅に搬送された新実元死刑囚の遺体は、そこで4日間を過ごし、火葬された。布団に寝かされた遺体には、はっきりと執行の痕跡が残っていた。

「枕に血が広範囲に滲《にじ》んでいましたので、首の包帯を捲《めく》ってみると、縄の跡がくっきり凹み紫色になり、首の右側から出血したようでした」

妻は、手記の最後でこう述べている。

「死刑制度自体にはわたしは反対の意見ですが、夫は日本では死刑に値する罪を犯しました。それに対して夫は、命をもって罪を償ったんだ、とわたしは信じています。もう夫は罪人ではありません」

井上嘉浩元死刑囚の最期の姿

オウム真理教の元幹部13人が死刑を執行された際の状況について、法務省は詳細を一切公表しておらず、知ることは極めて難しい。そうした中で、手掛かりとなるのが別の確定死刑囚からの情報だ。

「（2018年）7月6日金曜日の朝のことである。午前7時30分に起床のチャイムが全館に鳴り響いた直後、帽子に金線が入った幹部職員と、ほか数名の看守が足速（早）に私の居室前を通り過ぎた。『すわ井上君が処刑される』と感じた私は心の平静を失った。なぜならば、こんなにも早く処刑の言い渡しに来るのを見たのが初めてのことであり、ましてや起床直後で布団を畳み終えたばかりだったからである」

元幹部で、大阪拘置所に移送されていた井上嘉浩元死刑囚が執行された日の様子を、同じフロアに収容されていた岡本（旧姓・河村）啓三元死刑囚は、支援者への手紙に詳しく記していた。岡本元死刑囚は1988年に投資顧問会社「コスモ・リサーチ」社長ら2人を殺害し、強盗殺人などの罪で2004年に死刑が確定した。

「井上君も私と同様、洗顔や歯磨も済ませていなかったと思う。私はこれまで何人もの確定死刑囚とお別れしてきたが、顔を洗う時間や歯を磨く時間も与えられない事があるのだろうかと心の中で疑問が生じ、それを思うと当局に強い怒りを感じた」
「大阪拘置所の対応は、死にゆく者に対する博愛の精神もなく、人間的な暖みすら見せない。義憤にかられた私は、井上君を連行する幹部職員に向ってひとこと文句を言ってやろうかと思ったほどである」（いずれも原文のまま）

怒りにかられた岡本元死刑囚は、鉄製の扉にある小窓から通路側の様子をうかがった。そこで目にしたのは、房から出されて刑場へ向かおうとする井上元死刑囚の姿だった。
「前後左右を看守に挟まれた井上君が私の居室前を通り過ぎようとした時に、顔を左側に向け、私の方を見た。彼と私は目が合った。井上君は泰然自若。逆に私の方が目のやり場に困り、うろたえたほどである。そんな彼は動揺することもなく、至極りっぱな態度で去っていった。服装は、白色半袖のTシャツを着ており、下は紺色系のハーフパンツを穿《は》いていた。これが、私が見た最後の彼の姿となった」

井上元死刑囚が新実元死刑囚とともに大阪拘置所へ移送されて以来、所内の雰囲気は「ガラッと変わった」という。執行に向けて緊張感が高まり、通常約3カ月ごとに収容者に房を移動させる「定期転房」も、元幹部の2人には行われなかったことから、岡本元死刑囚は「執行が近い」と確信したという。

また、所内での井上元死刑囚は「職員の指示に素直に従い、真面目でおとなしく、とても良い男だった」と記している。

「居室で文机の上にA3サイズの曼荼羅の絵を置き、それに向って座禅を組んでいた。その彼の姿が私の目に焼きついている」

「面会もあったようで、私の居室前を通り過ぎる姿を何度か見かけた。服は私服を着ており、全体的に清潔で、見る人に好感を与えていた。そんな井上君と所内で同じ空気を吸い、同じ食事を摂ってきた私だからこそ言えるのだが、彼は深く反省し、懺悔《ざんげ》していたように思う」

岡本元死刑囚は手紙の中で、井上元死刑囚への執行を強く批判していた。その岡本元死刑囚は同じ年の12月27日、大阪拘置所で死刑が執行されている。井上元死刑囚の執行から半年余りで、同じ刑場の露と消えたのだった。

棺の中の「教祖」

2018年7月6日に東京拘置所で死刑が執行されたオウム真理教の教祖、松本智津夫元死刑囚は、3日後の9日に東京都府中市の葬祭場で火葬された。遺体が家族に引き渡されることなく、拘置所職員が立ち会う中で荼毘《だび》に付されたのだった。

だが、松本元死刑囚の家族は火葬前に、東京拘置所で遺体と対面することを許されている。

その交渉に当たったのが、松本元死刑囚の弁護人を務めた安田好弘弁護士だ。

安田弁護士は松本元死刑囚が執行された当日、大阪から夕方に東京へ戻り、東京拘置所に連絡をとった。松本元死刑囚の妻から委任状を取り、遺体と遺品を引き渡すよう要求したのだった。だが、拘置所側は認めようとしない。やりとりを続ける中で、遺体と対面することだけは認めさせることができた。

「総務部長と交渉して、(遺体と)会わせるだけは会わせるということになったのです。でも、遺体と遺品の引き渡しはだめだと。理由を聞くと『祭祀《さいし》承継者(祖先の祭祀を主宰すべき者)ではない』『誰が祭祀承継者かという指定はあるが、言えない』と繰り返すだけで、いくら抗議しても聞かない。それで、まずは会いに行くことにしたのです」

安田弁護士は翌7日、松本元死刑囚の妻と4人の子ども(次女と三女、息子2人)とともに、東京拘置所へ出向いた。応接室に通されて、そこで私物を置くように指示され、遺体を安置している部屋に案内された。

「安置している部屋といっても、普通の会議室みたいな所です。学校の教室くらいの広さで、机や椅子は片付けられて、腰くらいの高さの台の上に棺桶が置かれていました。棺桶は顔の所だけが開く形になっていて、顔を見ることだけは許されたけれど、拘置所側は棺桶に触らせませんでしたね」。許可された時間は10分ほどだったという。

しかし、これで安田弁護士は引き下がらなかった。翌日もまた遺体と対面させるよう強く求め、最終的に拘置所側はその要求を受け入れた。8日に再び同じ顔ぶれで東京拘置所に向かうと、前日とは違って棺桶の蓋が開けられ、家族が遺体に触れることも許された。

松本元死刑囚は穏やかな表情で、伸びていた髪は短く刈られ、ひげもそられていた。「とても若いように見えた」と話す、安田弁護士はこう推測する。「髪やひげがあると、執行の時に縄がきちんと首にかかっているか、確認できないかもしれない。または、緩衝材のようになって、首に十分な衝撃が加わるかわからない。だから執行直前に髪を刈り、ひげをそったのでしょうね」

2人の娘は、松本元死刑囚の顔を抱きしめ、頬ずりをし、口づけをする場面もあった。妻と2人の息子、そして安田弁護士は、少し離れてその様子を見守っていた。部屋には東京拘置所の総務部長のほか6、7人の職員がいたが、制止などはせず、松本元死刑囚の家族たちは30分ほどを遺体とともに過ごした。

だが、家族たちは松本元死刑囚の遺体や遺品を引き取ることはできなかった。松本死刑囚が執行直前、自身の遺体を四女に引き渡すよう拘置所職員に伝えていたとされることが、その理由だった。四女は、そうした意向を示されたことに驚きを示しつつ「実父の最後のメッセージなのではないかと受け入れることにします」とブログにつづっている。

これに対し、妻や次女、三女らは「(松本元死刑囚は)意思疎通が難しい状態となっており、特定の人を指定することはあり得ない」と主張し、四女を指定したとする拘置所側の説明に疑問を呈した。遺体の引き渡しを求める要求書を上川陽子法相らに提出し、家族内での意見は対立することとなり、引き取り手が定まらない中、遺骨などは東京拘置所で保管されることになった。

その後、引き取り手をめぐっては四女のほか、次女や三女ら、妻らの3グループに分かれて争う構図となり、その判断は法廷に持ち込まれている。東京家裁、東京高裁は次女に遺骨と遺髪を引き渡すとの決定を下し、2021年7月に最高裁が四女の特別抗告を棄却、妻らの申し立ても退けたことで、引き取り手は次女で最終的に確定している。

元幹部が生前に答えたアンケート

前の項目で触れたが、2012年9月から11月にかけて、社民党の福島瑞穂参院議員が13名の確定死刑囚全員(当時)に対し、処遇や死刑制度などに関するアンケートを行っている。このうち78名から回答を得ているが、そこには死刑が執行されたオウム真理教元幹部13人のうち7人が含まれていた。

当時は全員が東京拘置所に収監されていた。彼らは教祖だった松本智津夫元死刑囚と同じ拘置所で死刑と向き合いながら、マインドコントロール下に自分の身を持っていってしまったことと、恐ろしく重大な犯罪に手を染めてしまったことへの後悔の念などを記していた。

坂本弁護士一家殺害や信者殺害の実行役として殺人罪で死刑が確定した宮前（旧姓・岡崎）一明元死刑囚は、アンケート用紙に書き殴るように、太い文字でこう書いている。

「世のため、人のためにと願い、会社を辞めて、全財産を布施して出家。そして59日間、真っ暗闇の中での24時間修行を経ての様々な神秘体験の果てに、宗教の呪縛に取り憑《つ》かれてしまい、ある教義の妄念のもと、犯してしまった殺人事件。もともと犯罪歴も何もない宗教的な善人といえる者ほど妄信すれば、迷うことなく大きな犯罪を冒すことは、オウムの実行犯を見て判かるように、人とは、思い込みや、間違がった信念で、いとも簡単に道を踏み外してしまうものです」

なかでも、井上嘉浩元死刑囚の記した文章からは、自らが犯した罪への強い悔恨の思いが伝わる。地下鉄サリン事件など10事件で14人に対する殺人罪に問われた井上元死刑囚。被害者に対する気持ちについては「何という恐ろしくとりかえしのつかないことを　しかも救済すると信じてやってしまったのだと　たとえようのない苦悶の波におそわれます」と心情を表し、独房で悩み続ける日々をつづった詩をアンケート用紙に記している。

詩『獄中の月影』

澄みきった凍て付く夜空に皓皓《こうこう》と輝く寒月
獄中の小さな窓のすきまにぽっかり昇る
淡い光の海の金波をくまなく広げるように
闇にしみ渡る姿なき月光の限りない温もりは
万物を何一つ見捨てずに包み込んでいる
房内の壁にほのかに浮かぶ月影の我が身
救われようのない大罪がくっきり映し出される。

かけがえのない家族や夫婦や親子や友人と
愛し合い支え合い助け合い励まし合って
生きてこられた人生とこれからの人生を
私はことごとくに奪ってしまったのです

何という恐ろしくとりかえしのつかないことを
しかも救済すると信じてやってしまったのだと
たとえようのない苦悶の波におそわれます。

絶望の中でどうしようもなく死を思うほど
心臓の鼓動がドッキンドッキンと高まり
いのちに生きよと呼び止められているようで
どうすればいいのだと天を仰ぐばかりです
犯した大罪をどれほど苦しみもだえても
苦しんでいるものまねにすぎないと思い知らされ
ただただだとりとめなく悲しみがあふれます。

獄舎にピーンと張り詰める強制された静けさ
抑えきれない罪の呻《うめ》きが救われぬまま渦まき
罪人はもがけばもがくほど罪の海に沈んでいく
誰もが生まれた時は祝福されていたであろうに

巡り合わせと選択の中で罪を犯していく
人間の弱さと愚かさがせつなくてたまらない
罪人の一人一人の悲しげな目はみんな同じです。

夕影が空と大地を西方浄土に染めはじめると
獄中のすきまからもれなく光が差し込み
差別なく花も机も我が身も照らし出す
あぁどれほど罪の闇の中で彷徨《さまよ》い続けようと
はてなき光はきっといつも届けられている
救いなき姿のままでこそ摂取する無限の光よ
償いようのない罪を償う道を照らして下さい。

一見、冷静な筆致の中にも、死をもって罪を贖《あがな》う制度への複雑な気持ちがのぞく。井上元死刑囚は「一審は無期懲役です」と書き添えつつ、こう記していた。
「殺人者を生かしてこそ、その罪を非難しつづけることができ、処刑すれば同じ野蛮な行為の繰り返しで、罪を非難する根拠をそこないかねません」

こうした意見は、小池（旧姓・林）泰男元死刑囚も同様だ。「死刑は都合の悪い者は殺してもいいという殺人を肯定する意識を国民に植え付け、殺人や暴力を助長する」と、死刑制度に対して否定的な見解を記している。

だが、地下鉄サリン事件など6事件に関与したとされた土谷正実元死刑囚は、絞首刑という執行方法への疑問を呈したうえで「ご遺族、被害者の方々の《鎮魂》を考えると、死刑には反対できません」と記し、割り切れない感情をにじませている。

その土谷元死刑囚は、オウムにいた当時のことをこう振り返る。

「最近よく思い出すことを書きます。１９８９年秋に最初に『坂本弁護士一家が行方不明』との旨の報道に触れたとき、私はオウムを疑いました。そして即オウムの水戸支部に行き、この件についてオウム水戸支部の責任者に尋ねたところ、その責任者はあきれた表情と怒った表情を交錯させながら厳しい口調でオウムとの関連を否定し、その場に居合わせたオウム出家信者・オウム在家信者も皆、激怒の様相で『こんな大事な時期（衆議院選挙直前）にそんな事をやれば選挙に負けるのは明らかで、これは国家権力による陰謀だ』ということを口々に叫んでいました」

一方で、房内の生活も「修行」ととらえる元幹部もいた。

坂本弁護士一家殺害事件で実行犯とされた早川紀代秀元死刑囚は、日常生活についてこう書きつづっている。

「本を読んだり、相撲や洋楽のラジオ番組を聴くのが楽しみです。週一回のビデオ視聴も楽しみです。妻や友人との面会や文通も、もちろん楽しみであり、喜こびです。そしてなり（なに）より、毎日修行（瞑想・プラナヤーマ等）をするのが楽しみであり、喜こびです。一ケ月半ぐらいに1回廻ってくる一番風呂も（笑）」

さらに「今のように死刑の執行が毎月行なわれたり、新聞等で、オウムの死刑囚がまだ執行されないなんていう不満めいた風潮を感じると悩みます。また、修行の成果が思うようにあがらないときも悩みます」と、複雑な感情をのぞかせていた。

当時、精神障害が指摘されていた松本元死刑囚からは、アンケートへの回答はなかった。

4　極刑を待つ日々

2021年の再質問

２０１２年のアンケートから9年が経ち、確定死刑囚たちはその後、どう過ごしているのだろうか。２０２１年7月、関係者を通じて6人の確定死刑囚に手紙を送り、オウム元幹部への執行や拘置所での処遇に対する考えなど5項目の質問を挙げて、回答を依頼した。6人を選んだ理由は、死刑廃止関連の市民団体と交流があるなど、自らの考えを外部へ発信することに前向きであると考えられたからだ。

その結果、２０２１年8月末までに4人の確定死刑囚から返信があった。いずれも表裏の質問用紙にある回答欄にびっしりと文字が記され、2人はさらに別紙にも自らの考えをつづっていた。中でも、２０１５年に起きた大阪府寝屋川市の中1男女殺害事件の水海（旧姓・山田）浩二死刑囚は、質問用紙への回答のほか、7ページにわたる手紙を「特別発信」として大阪拘置所の許可を受け、同封してきている。いずれも、虫眼鏡でも用いないと読むのが困難なほど小さい字で用紙にびっしりと書き込んでおり、拘置所での孤独な日々の中で、社会に訴えたいことを相当に抱えていることがうかがえる。

つのる恐怖心

水海死刑囚は、手紙の中で2018年12月27日、大阪拘置所の同じフロアに収容されていた岡本（旧姓・河村）啓三元死刑囚が、死刑執行のため連行されていくところを「目撃」したことを記している。

「午前7時45分頃に朝の点検が終わったあとぼくが当時生活していた居室のななめ右の居室前に多くの職員が来て。『何かあったんかな?』程度の気持ちでその居室前を見ていたんです。するとその居室の扉が開いて『すぐに終わるからちょっと来て』『そのまんまでいいから出て来て』と言って、その居室で生活していた人がどこかに連行されていったんです」

「午後1時過ぎでした。連行されて行った人の居室前に大きなゴミ箱や台車を持って職員が2～3人で現れたんです。その時の様子も偶然一部始終見ていました。（中略）その日の午後のNHKニュース報道でこの日大阪拘置所で2名の死刑が執行されたのを知りました。その2名のうち1名だった事を知った訳です」

水海死刑囚は、同じ月の19日に大阪地裁で死刑判決を言い渡されていた。それだけに、死刑執行の一端を目にしたことは大きな衝撃だったようだ。

「つまり僕は死刑判決を宣告された日から約1週間後に、リアルに死刑確定者が処刑場へ連行される瞬間や、その人の最期の姿、そして〝遺品〟となった物品を笑いながら仕分けする職員の姿を目撃してしまった訳です。そんな出来事があり、この年の年末年始は精神的にも大変辛かったです。まるで将来の自分の姿を見たような気がして……」

　そうした恐怖心は、大牟田4人殺害の井上（旧姓・北村）孝紘死刑囚（福岡拘置所）の回答からもうかがえる。２０２０年は死刑執行がなく、21年も8月末現在で執行ゼロの状態が続いている。このことについて尋ねた質問に、井上死刑囚はこう答えている。

「オリンピック効化で、昨年～現在まで執行0だが、オリンピックを終えてから衆院選前後のいずれか又は両方で駆け込み執行が有ると考えている。（中略）自分もかなり危ないと思っている。オリンピック後の執行再開を考えている者多い。少々気分重いふんいき」（原文のまま）

　また、宮崎女性2人殺害の石川恵子死刑囚（福岡拘置所）は、オウム元幹部の死刑執行を「正に〝大量虐殺〟を骨身に痛感し、信じられなく本当にこの国での出来事なのか！と疑い乍《なが》らも、執行の恐ろしさを痛い程に身体中に受けまして、しばらくは震えが止まりませんでした」と記している。

　執行ゼロの状態についても、石川死刑囚は次にように切迫した気持ちを書いていた。

「執行されない保障は全くないのですから、一日たりとも気の休まることはないのです。朝は針1本落ちる音さえ聞き逃すことのない様に、全神経を集中させ乍ら固唾をのんで耳を欹《そばだ》てる緊張の連続です。極限の精神状態に疲れ果てています」

オウム元幹部への執行をどう思ったか

オウム元幹部13人に死刑が執行される前年の2017年、再審請求中だった3人の確定死刑囚が処刑されている。再審請求中の確定死刑囚に対する死刑執行は1999年12月以来で、死刑廃止を求める市民団体や弁護士などが強く反発した。オウム元幹部13人のうち10人は再審請求中だったことから、2017年の3人に対する死刑執行は、オウム元幹部を処刑するための「地ならし」だったとの見方が根強い。

再審請求中の確定死刑囚が執行されたことについて、井上死刑囚は「オウムを執行するために事前に数件の再審請求中の者の執行例を作り、オウムの執行可能状態を作った」と述べている。さらに、こうした状態を作り上げたことを「オウムの罪」とし、以下のように記している。

「オウムは再審請求中不執行、恩赦出願中不執行、共犯者同日執行、1日執行1〜3人、同所1日執行最大2人まで、執行後遺体引取の即時性、これらの通常を全て壊し、今後の執行の条件を軽くしてしまった。つまり通常が通常でなくなった」

水海死刑囚も、再審請求中の死刑執行を「おかしな状況」と批判しているが、山梨・宝石商殺人の猪熊武夫死刑囚（東京拘置所）は「再審中の執行について『自己の責任大』ともいえるのでは無いのでしょうか」とし、確定死刑囚自身が「少し法律の学習をし、『自分の生命は自分で守る』しか無い」との考えを披露している。

猪熊死刑囚は、質問用紙に自らの法律に対する考え方を独特の細かい字体で記していた。だが、拘置所の処遇に対して不満を抱いていることは伝わってきたが、文章の内容を理解するのは困難だった。

5　執行までの法的手続き

黒塗りの機密文書を読み解く

判決の確定した死刑囚たちは、その生殺与奪《せいさつよだつ》を法務省および法相の決裁に委ねられる。死刑執行施設のある拘置所に収容された死刑囚たちは、外部との交流を極端に制限されるなか、死刑執行に向けた法務当局の手続きと向き合うことになる。

現行の刑事訴訟法では、死刑執行の手続きに関して主に以下のような記述がある。

　死刑の執行は、法務大臣の命令による。（475条1項）

　前項の命令は、判決確定の日から6箇月以内にこれをしなければならない。但し、上訴権回復若しくは再審の請求、非常上告又は恩赦の出願若しくは申出がされその手続が終了するまでの期間及び共同被告人であつた者に対する判決が確定するまでの期間は、これをその期間に算入しない。（同条2項）

　法務大臣が死刑の執行を命じたときは、5日以内にその執行をしなければならない。（476条）

こうした定めの一方で、死刑執行までの法務省内の具体的な手続きは、大部分が非公開とされてきた。過去に弁護士が死刑執行に関する文書の公開を求めて提訴したことがあるが、判決では請求を棄却された。2008年3月28日の東京地裁判決では「(死刑囚)自身がいずれ執行される態様を具体的に知れば、精神的安定を保てず、執行に支障を来《きた》すおそれがある」とし、不開示が妥当としている。死刑執行に関する公文書は、機密文書として扱われてきたのだ。

だが、こうした状況は神奈川県などで女子高生ら5人を殺害した藤間静波《せいは》元死刑囚（東京拘置所）ら3人の死刑が執行された2007年12月、法務省が執行場所と氏名を初めて公開したことをきっかけに、すこしずつ変化が現れる。

鳩山邦夫法相（当時）は衆院法務委員会で、公表理由について「適正に執行されていることを、被害者遺族や国民に理解してもらう必要がある」と答弁しているが、こうした流れが定着するに従い、法務省側も文書の全面的な非開示は「実質的な意味を持たなくなった」(元幹部)との判断に傾いていった。

過去に非開示とされた文書は、現在は限定的ながらも法務省が情報を開示するようになっている。

今回、情報公開などによって2007年から2012年までに執行された確定死刑囚の一部について、死刑執行命令書などの関連文書を入手することができた。部分非開示となった黒塗りの部分が目立つものの、一連の文書からは、死刑確定から死刑執行後までの流れが、おぼろげながら浮かび上がってくる。

執行期限は事実上無視されている

死刑判決が確定すると、確定判決を出した裁判所に対応する検察庁に対し、裁判所から判決謄本と公判記録が送られる。一審判決で確定した場合は、その判決を言い渡した地方裁判所に対応する地方検察庁に、高裁や最高裁で確定した場合は、二審の高等裁判所に対応する高等検察庁に送付される仕組みだ。

書類を受け取った地方検察庁の検事正、または高等検察庁の検事長は、その確定死刑囚に対する死刑執行の伺いを立てる「死刑執行上申書」を法相に提出する。

死刑執行上申書はA4サイズの用紙1枚で、宛先の法相名と差出人の検事長または検事正の名前および印鑑が示されたのに続き、「次の者に対し、下記のとおり死刑の判決が確定したから、死刑執行命令を発せられたく上申します」との文字が続いている。

さらに、8項目の事項があり、まずは「死刑確定者」として、氏名と生年月日、年齢、職業、本籍、住所が記載されている。外国人の場合は、ここに国籍も加わる。次に「罪名」、さらに

「裁判」として、認定された罪名と、一審からの言渡し日、裁判所名、判決内容が順を追って示され、確定の日が書かれている。

次に、収容されている拘置所へ送られた「移送の日」「収容されている刑事施設」「共犯者の氏名およびその処分結果」「訴訟記録の冊数」が記され、最後に「備考」があり、〈勾留関係〉や〈事案の概要および捜査の経過〉について触れているが、その内容はいずれも黒塗りで非開示となっていた。

上申書の提出は、判決の確定から約1～5カ月後と幅があるが、いずれも「(死刑執行の)命令は、判決確定の日から6箇月以内にこれをしなければならない」とする刑事訴訟法の期間内に行われている。

だが、実際に死刑執行は刑事訴訟法で定められた「判決確定の日から6箇月以内」には行われていない。これについて法務省は、この規定は守らなかったとしても処罰の対象にならない「訓示規定」であるとし、死刑執行の命令がなされなくても違法ではないと説明している。法律に規定されてはいるものの、必ず守らなければいけないというものではないという考え方で、刑事訴訟法の規定は事実上無視されていると言える。

執行を決裁する2つのルート

上申書が提出されると、法務省刑事局は提出元の検察庁から、確定した裁判の記録を取り寄せる。資料を含めた一式は膨大な量に及ぶが、死刑執行を判断する唯一の書類だけに、民間の宅配業者などに依頼することは決してなく、法務省の係官が直接運ぶという。

届いた書類は、刑事局内で点検され、刑事局付きの検事が1人選任されて精査に当たる。担当検事は捜査から起訴、公判、判決にいたる膨大な記録を読みにかかるが、刑の執行停止、非常上告、再審や恩赦の申請などの結論が出ているか、裁判所が有罪と認定した証拠が完全に整っているかなどの確認が任務だ。判決文の真偽を確かめる権限はいっさい与えられていない。

そのうえで、問題点が見つかれば、ただちに死刑執行の対象から外される。1979年に確定死刑囚として初の再審開始となり、1984年に無罪となった「財田川事件」の谷口繁義さん（2005年に死去）は、精査の際に高松地検が記録を紛失していたことが判明して死刑執行の手続きがとれなくなり、執行が事実上できない状態になったとされている。

上申書の提出から数年後、刑事局の起案に基づき、執行に向けた審査や決裁が行われる。担当検事から参事官、総務課長、刑事局長のルートで決裁された起案は、さらに2つのルートによって決裁が進んでいく。

一つは「死刑執行について」と題された文書で、区分には「秘密」の文字が入っている。対象となる死刑確定者の名前の下には、矯正局の矯正局長、総務課長、成人矯正課長、さらに保護局の保護局長、総務課長、恩赦管理官の計6人の印が押されている。別紙には対象となる死刑確定者の氏名や罪名のほか、犯罪事実の概要の記載がある。

その後、10枚前後にわたって文書が続くが、いずれも黒塗りとなっており、どのような理由によって執行対象者を選んだかを知ることはできなくなっている。関係者によると、死刑確定までの裁判の経緯や再審請求の有無、執行を停止すべき理由がないことなどが記されているという。

2008年6月17日に死刑執行された東京・埼玉連続幼女誘拐殺人の宮崎勤元死刑囚の場合、黒塗りのページが約20枚にわたっていた。犯行時の責任能力をめぐって弁護人が再審請求を行う構えをみせていたほか、精神状態に問題があるとの指摘もなされ、執行に対する反発も予想されたことから、確定判決の内容や執行の妥当性などについて詳しく記述されていたことがうかがえる。

もう一つは「死刑事件審査結果（執行相当）」と書かれた文書で、対象となる確定死刑囚の名前が書かれた下に7つの決裁枠があり、法相と法務副大臣のサイン、法務事務次官、官房長、秘書課長、刑事局長、刑事局総務課長の印が押されている。

法務省幹部と副大臣が決裁を終えると、最後に法相のサインを得る。ここに至るまでには、法務省幹部が事前に法相に十分な説明と資料提供をするなどの「根回し」を終えており、最終段階で法相がサインを拒むことは「あり得ない」（法務省元幹部）という。

法相がサインをすると、その日のうちに「死刑執行命令書」が作成されて、管轄する検察庁の検事正または検事長宛に送られる。命令書には、死刑執行上申書が作成された日と確定死刑囚の名前とともに「〇〇（確定死刑囚の名前）に対する死刑執行の件は、裁判言渡しのとおり執行せよ。」と、わずか2行の一文が記載され、日付とともに法相の名前と公印が押されている。

法相によるサインはここにはなく、関係者によると、押印も秘書課長の命を受けた職員が行っているという。死刑事件審査結果で法相のサインをもらえば、自動的に死刑執行命令書ができあがる仕組みになっているのだ。

死刑執行命令書の一文をもって、対象となった確定死刑囚は数日の後に、その命を国家によって合法的に絶たれることになる。

死刑執行命令書を受け取った検察庁は、数日以内に対象となる死刑確定者が収容されている拘置所長に「死刑執行指揮書」を送り、死刑執行の期日を指定する。実際には、死刑執行指揮書を送った翌日か翌々日が執行期日とされており、法相の決裁から4日ほどで死刑が執行されていることがわかる。

法務省刑総秘第９０９号

東京高等検察庁検事長　樋　渡　利　秋

平成１８年７月３１日上申に係る宮崎勤に対する死刑執行の件は，裁判言渡しのとおり執行せよ。

平成２０年６月１３日

法務大臣　鳩　山　邦　夫

死刑執行命令書

死刑執行始末書

死刑執行を終えると、その日のうちに「死刑執行始末書」が作成される。そこには執行に立ち会った検察官と事務官（いずれも氏名は黒塗り）、拘置所長の名前で「下記死刑執行の次第につき、○○拘置所（執行先の拘置所名）において刑事訴訟法第478条によりこの執行始末書を作り、執行立会者とともに署名押印する。」と書かれている。

刑事訴訟法478条には「死刑の執行に立ち会つた検察事務官は、執行始末書を作り、検察官及び刑事施設の長又はその代理者とともに、これに署名押印しなければならない。」との記載がなされており、それに沿った内容だ。

2010年7月28日に東京拘置所で2人の死刑が執行された際には、千葉景子法相（当時）が自ら立ち会っており、このときの死刑執行始末書には「本執行には千葉景子法務大臣及び西川克行刑事局長（同局長は検察官○○〔黒塗り〕及び東京拘置所長佐藤吉仁の許可を受けて刑場に入った）が立ち会った」との記載が手書きでなされている。

死刑執行始末書は2枚目に「執行経過」の欄があるが、すべて黒塗りとなっていた。関係者によると、確定死刑囚の遺言や、執行から絶命までの所要時間など、執行時の詳しい模様が書かれているという。入手した死刑執行始末書の一部には「秘　無期限」との印が押されたものもあり、法務当局がとくに厳重な情報管理を要する文書として位置づけていたことがうかがえる。

様式第6号（刑訴第478条，規程第10条）

死刑執行始末書

平成20年6月17日

東京高等検察庁　検察事務官 [redacted]

東京高等検察庁　検察官検事

東京拘置所長　法務事務官 福岡 久

下記死刑執行の次第につき，東京拘置所において刑事訴訟法第478条によりこの執行始末書を作り，執行立会者とともに署名押印する。

1 氏名　宮﨑　勤（昭和37年8月21日生　45歳）
2 本籍 [redacted]
3 刑事施設名　東京拘置所
4 上記の者に対する死刑執行の始末は，次のとおりである。

(1) 執行の日　平成20年6月17日
(2) 執行の場所　東京拘置所
(3) 執行された死刑の判決
　言渡し裁判所　東京地方裁判所
　言渡しの日　平成 9年 4月14日
　確定の日　平成18年 2月 2日
(4) 法務大臣の執行命令　平成20年 6月13日
(5) 執行指揮　平成20年 6月16日
　執行指揮者
　東京高等検察庁　検察官検事 [redacted]
　~~執行指揮嘱託者~~
　[redacted] ~~検察庁~~ [redacted] ~~検察官検事~~
(6) 執行立会者　東京高等検察庁　検察官検事 [redacted]
　東京高等検察庁　検察事務官
　東京拘置所長　法務事務官　福岡　久
(7) 執行経過
　別紙記載のとおり。

（注意）事例に応じ，不要の文字を削ること。

死刑執行始末書

6 「その日」の拘置所

平日の朝が怖い

確定死刑囚にとって、逮捕・起訴されたときから始まる司法当局との攻防は、死刑執行をもって終わりを迎える。同時に、司法当局にとって死刑執行は、確定死刑囚に対する最後の「手続き」になる。確定死刑囚と司法当局のどちらにとっても、死刑執行が重く厳粛な「儀式」であることに違いはない。

法務官僚と法相、法務副大臣の決裁を受けた後、法相名による「死刑執行命令書」が検察庁に届くと、対象となった確定死刑囚が収容されている拘置所長には、管轄の高等検察庁から死刑執行の指示がくる。その後、拘置所では秘密裏かつ入念に死刑執行の準備が施され、当日の朝を迎える。

確定死刑囚たちは、どのようにして最期の時を迎えるのか。関係者の証言や公開されている資料などから、その模様を探ってみたい。

刑務所、拘置所などの刑事施設を運営する根拠法としては、2005年に制定された「刑事施設及び受刑者の処遇等に関する法律」（現在は「刑事収容施設及び被収容者等の処遇に関する法律」）に死刑執行に関する条文があり、第16節には「死刑の執行」として以下の規定がある。

１７８条　死刑は、刑事施設内の刑場において執行する。
２　日曜日、土曜日、国民の祝日に関する法律（昭和23年法律第１７８号）に規定する休日、１月２日、１月３日及び12月29日から12月31日までの日には、死刑を執行しない。

ここからわかるのは、死刑執行は年末年始を除く平日に行われるということだ。単純な事実だが、事前告知のないなかで、確定死刑囚は平日の朝は常に執行の恐怖におびえることになる。実際には死刑執行は木曜日か金曜日に行われることが多いが、明文化された決まりというわけではない。大阪・池田小学校児童殺傷の宅間守元死刑囚が大阪拘置所で死刑執行された２００４年９月14日は火曜日だった。

独居房に収容されている確定死刑囚たちは平日の朝、廊下を歩く看守の足音などに神経をとがらせ、いつもと違う動きがあれば敏感に反応するという。そのような雰囲気を察知すれば、死刑執行のサインと読み取るからだ。

1960年代に福岡拘置所に収容されていた確定死刑囚の手記をまとめた『足音が近づく──死刑囚・小島繁夫の秘密通信』(市川悦子著)には、以下のような記述がある。約半世紀前の手記ではあるが、前述したオウム元幹部の井上嘉浩元死刑囚が房から死刑場へ連行される時の証言と、その状況に大きな変化はない。

朝の掃除を終わって間もなくのことだった。突然、廊下に大勢の靴音が高らかに鳴り響いて来たのである。お迎えだ! お迎えに違いない! 地獄の使者のような靴音。瞬間僕の魂は震え上がった。

僕は吸い寄せられるように扉に近づいた。胴震いしながら視察孔から廊下の左の方を伺った。僕の部屋、つまり南側25房から15メートルほど離れたところに大きなついたてがある。胸の動悸を全身に感じながら、僕はそこを必死で見ていた。

ついたての陰から、まず私服姿の小柄な教育部長が現れた。続いて、制服の役人が10人あまりはいって来た。そのとき事務室から、係長が出てきた。係長は、教育部長を挙手の礼で迎えた。それから僕の部屋を指して、そばの看守に目配せした。

僕は息が詰まった。もう外を見ていられなくなった。僕は、弾かれたように扉のそばを離れた。首筋から背中にかけてゾッとするほど冷たいものがへばりついていた。僕は机に

もたれかかるようにして座った。（原文のまま）

房に流れる執行のラジオニュース

「その日」の朝、執行される確定死刑囚の房があるフロアは、普段とは違った空気に包まれる。

通常、死刑執行が行われるのは午前8時から9時ごろの間だ。7時25分の朝食が終わった後、執行される確定死刑囚の独房に処遇部門の職員や警備隊員が「お迎え」に訪れ、刑場に連行していく。朝食後、複数の足音が近づいて独房のドアが開けられたとき、そこに普段の担当看守とは違う拘置所職員や警備隊員が立っていれば、確定死刑囚は自ずとその意味を悟るという。

東京拘置所で約2年間、衛生夫として服役した江本俊之さん（仮名）も「その日」を経験している。

確定死刑囚が数多く収容されているC棟11階を担当していた江本さんは、被収容者たちが起床する午前7時よりも早い6時半にはフロアに行き、早めに自分の朝食をすませて、掃除や朝食の配膳などの仕事を行うことが日課だった。だが、死刑執行のあった当日は様子が違っていた。

「朝食を配膳して片づけるときから、刑務官に『悪いけど早くしてくれ』と急かされるんです。その段階でなんだかおかしいなと感じるのですが、しばらくすると処遇部門の課長や係長といった、普段は（C棟11階に）いない人たちの姿が目につきました。これはなにかあるなと思っていると、8時くらいに刑務官に呼ばれ『掃除はしなくていいから、こちらに来るように』と別部屋に連れて行かれ、30分ほど待機させられたのです。フロアに戻ると房がひとつ開いていて、収容されていた死刑囚がいなくなっており、刑務官が神妙な顔つきで房から荷物を運び出している。その姿を見て、死刑の執行があったんだなとはっきりとわかりました」

それまで同じフロアにいた被収容者の一人が、突然連行されて、二度と戻ってこない。冷徹な事実を突きつけられた確定死刑囚たちは、否応無しにそこに自らの運命を重ね合わせ、激しく動揺する者も少なくないという。

録音したラジオのニュースを午後に流す際、死刑執行に関する内容もそのまま放送され、新聞も同様に読むことができる。法務省関係者は「被収容者の心情の安定などを考えて、死刑関係のニュースはカットしたり、新聞を黒塗りしたりしていた時期もありましたが、現在は行っていません。法務省として事実関係を公表している以上、そうしたことをする必要がないとの判断です」と説明するが、執行後のフロアは異様な雰囲気に包まれる。

江本さんが続ける。

「すごいですよ、ピリピリして。（確定死刑囚たちが）報知器を押して刑務官を呼び『今日、あったんでしょ？』と聞くんですよ。もう、すごい剣幕です。でも、刑務官としては何も言えない。そうこうしているうちにニュースが流れて、はっきりと知ることになり、一気に重苦しい空気になる。刑務官に当たり散らすのもいれば、放心状態になるのもいます。(死刑執行から)2日間は、いつもフロアを担当している刑務官のほかに、課長や係長も詰めて、平静を保つように努めていました」

身重な妻がいる刑務官は担当を免れる

検察庁を通じて死刑執行の命令が届いた拘置所では、執行当日まで緊張に包まれる。死刑執行施設のある拘置所の元幹部が、その模様を振り返った。

「執行に携わる刑務官を選ぶことや、対象となった死刑囚の動静を注意深くチェックすることが、まず必要となります。連行から執行の言い渡し、遺言の作成などを経て執行まで、いかにスムーズに行っていくかが最大の課題です。死刑囚本人に、余計な恐怖や苦しみを与えることは避けなければなりません」

立ち会い役の幹部以外で、執行に直接携わる刑務官は6～7人。元幹部によると、勤務態度が優秀なベテランと若手が選ばれ、妻が妊娠中であったり、家族に病気の者がいたりする場合などは対象から除かれるという。元幹部は「明文化されているわけではないが、身内に何かあった場合に『自分が死刑に関わったからではないか』と刑務官に思わせないため、慣例的な配慮をしている」と明かす。

　執行に携わることになった刑務官は、刑場の掃除や確定死刑囚の首にかけるロープの確認、目隠しといった「必要品」の準備などに追われる。

　ロープは、確定死刑囚の身長や体重から計算して、執行時に地下の床から30センチほどの地点に足先が来るように調整される。これとは別に、処遇部長など拘置所幹部は、棺桶の手配や教誨師への連絡、連行時の警備態勢のチェックなどを行う。執行に向けて、拘置所当局は急ピッチで準備にあたる。

　執行当日の朝、対象となる確定死刑囚の房に向かうのは、教育課長ら幹部に加え、「警備隊」と言われる警備専門の屈強な刑務官たちだ。刑場への連行の言い渡しを受けた確定死刑囚が取り乱して暴れたりした際は、警備隊員が制圧にあたり、有無を言わさず連行していくことになる。

「言ってみれば、拘置所内の汚れ役ですよ。執行の日に、房から嫌がる死刑囚を無理矢理引きずり出して、刑場まで運んでいくなんて誰もやりたくない。警備隊員も『頼むからおとなしく刑に服してくれ』と、心の中では思っているんです」

　元幹部は苦々しい表情を浮かべながら、そう話した。

刑場までの道

房から刑場までの道のりは、拘置所によって異なる。法務当局は、刑場の位置について「保安上の理由」（法務省）から公開していないが、関係者の証言などから、東京拘置所や名古屋拘置所のように地下にある場合もあれば、別棟にある場合もあることがわかっている。

いずれの場合も、刑場の入り口には「死刑執行場」などと明記されてはおらず、拘置所内でも一部幹部や職員にしか詳しい場所が明かされていないことが多いという。東京拘置所の場合も、それは同じだ。

東京拘置所の関係者の話を総合すると、11階など上層階に収容されている確定死刑囚は、房から出された後は1階までエレベーターで運ばれる。連行の際、普段は洗濯物の回収や食事の配膳などで忙しく動き回っている衛生夫はすべて廊下に出ることを禁じられ、確定死刑囚と連行する刑務官ら関係者以外、人の動きは一時的にストップする。

映画や小説に出てくるような、同じフロアの確定死刑囚たちとの別れの挨拶をすることはなく（集団処遇を認めておらず、普段から被収容者同士のコンタクトは禁じられている）、臨時に設けられたパーテーションで作られた「道」を、刑務官に急かされるようにして歩いていく。警備隊員も等間隔で立ち、万一の事態に備えている。

エレベーターから降りた後も、同様にパーテーションの「道」ができており、普段は使われない別通路の入り口までつながっている。その扉を開けると地下道のような傾斜になっており、そのまま廊下を歩いていくと刑場の入り口につながる。別通路や刑場の入り口には、盛り塩と香炉が置かれているという。

確定死刑囚がまず連行されていくのは「教誨室」だ。テーブルを挟み椅子が2脚置かれ、ここで普段から面会を重ねてきた教誨師と会うことができる。壁には仏壇（宗教によって祭壇にするなど体裁を変える）があり、線香がたかれるなか、教誨師とともに確定死刑囚は心を落ち着かせようとするが、なかには最後まで教誨を拒み、この部屋を「素通り」する者もいるという。

最期の時間の作法

教誨を終えた確定死刑囚は教誨師とともに、入ってきたところとは別のドアから出て10メートルほどの短い廊下を歩き、金色の仏像が壁にはめ込まれた部屋に入る。縦5・8メートル、横4・2メートルのやや大きめの部屋。天井までは3・8メートルと高い。そこは「前室」と呼ばれ、連行されてきた確定死刑囚は、ここで拘置所長から正式に死刑執行を告げられる。

前室には拘置所長のほか、立ち会いの検事、検察事務官、拘置所の総務部長、処遇部長、医官、刑務官が集まっている。拘置所長が死刑執行の命令書を読み上げると、確定死刑囚は幹部

東京拘置所の刑場見取り図

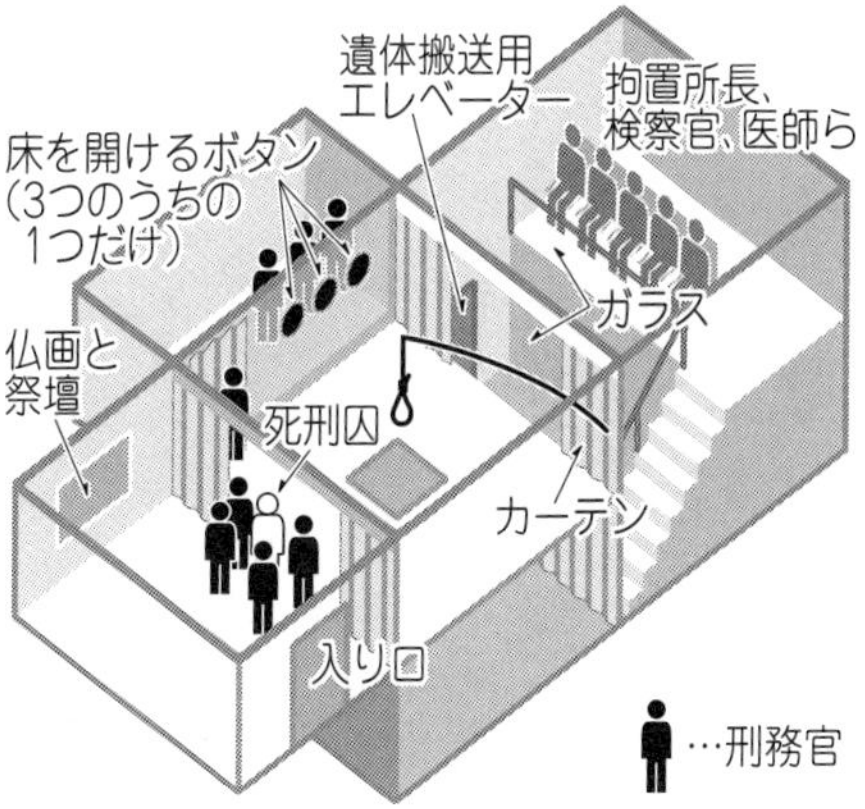

※視察した元衆院議員の保坂展人氏のスケッチを基に作成（提供：共同通信社）

たちと最後の会話を交わす。また、最後の祈りを捧げることもでき、被害者や残された家族への祈りのほか、教誨師から最後の説教を施される。祭壇には簡単な供え物があり、茶菓子を勧められるが、一般的に手をつける者は少ないという。

最後に遺書を書くことが認められるが、時間は5分程度と短い。気が動転している場合も多く、確定死刑囚のなかにはあらかじめ遺書をしたため、最後に一筆書き加える者もいる。刑務官らへの別れの挨拶や、遺言を遺すことも可能だ。

そうした「儀式」が終わると、刑務官たちには緊張が走る。間違いの許されない「迅速且つ正確な執行」（元幹部）に向けて、刑務官たちはそれぞれの担当に向かう。部屋には厚いじゅうたんが敷かれ、刑務官たちの足音は聞こえない。

まずは確定死刑囚をガーゼで目隠しし、後ろ手に手錠をかける。それと同時に、前室の横にあった青のカーテンが開かれる。その先にあるのは、天井の滑車からロープが垂れ下がっている「執行室」だ。

だが、目隠しをされた確定死刑囚には、その様子は見えない。前室と同じくらいの大きさの執行室には、中央に110センチ四方の正方形の赤枠があり、その内部には90センチ四方の「踏み板」がある。

執行室には刑務官3人と保安課長が確定死刑囚とともに入室し、保安課長は執行室の奥にある「ボタン室」の前に進み、中にいる刑務官3人から見える位置に立つ。ボタンを押せば踏み板が外れる仕組みになっているが、実際に踏み板と連動しているのは1つのボタンだけで、2つはダミー。すこしでも刑務官の精神的負担を軽減しようとする「苦肉の策」というわけだ。しかし、元刑務官は「3人の刑務官全員に苦悩を与えているだけ」と話しており、その効果は定かではない。

刑務官3人は、確定死刑囚を赤枠の中に立たせると、1人が素早く両足をひもで縛り、2人がロープを首にかけて、首の左側に結び目が来るようにして軽く締める。こうすると、体が落

ボタン室から見た刑場（提供：毎日新聞社）

下して首に衝撃がかかった際、体が正面を向き、立会人に対して頭を下げているような姿勢になるという。

それが終わると、保安課長はボタン室の3人に指示。3人が同時にボタンを押すと、踏み板が外れて確定死刑囚は地下に落ちていく。確定死刑囚の首にロープがかけられてから踏み板が外れるまでは、わずか数秒程度。「この時間をすこしでも短くしてやることが、我々が死刑囚にしてやれる精一杯の施し」と、執行に立ち会ったことのある刑務官は話す。

確定死刑囚が執行室に移動すると、拘置所長や検察官などの幹部は「立会室」に移り、ガラス越しに執行の様子を見守る。確定死刑囚の体が落下すると、地下では刑務官2人が待機し、1人が抱きかかえるようにして受け止める。こうしないと、確定死刑囚の体は反動で大きく揺れ、ロープのねじれで体がぐるぐると回ってしまう状態となり「立会人に対し、残酷な場面を見せることになる」(元刑務官)からだ。その後、もう1人の刑務官が確定死刑囚の体を立会人の方に向かせて、静止させる。

この「受け止め役」は死刑執行に立ち会う刑務官のなかでも最も敬遠される仕事で、拘置所幹部から指名された際、泣き顔になりながら「勘弁してください」と懇願したベテラン刑務官もいたという。

確定死刑囚の体から痙攣《けいれん》などの動きが止まると、医官が死亡を確認し、死刑執行は終了する。確定死刑囚の体が落下してから死亡確認までは15分ほど。その後、確定死刑囚はロープから外されて湯灌《ゆかん》を施され、棺桶に納められる。立ち会いの検察官、検察事務官と拘置所長が「死刑執行始末書」にサインと捺印をし、一連の手続きは終わる。

拘置所側は、事前に確定死刑囚から申告されていた、肉親など死刑執行時の連絡先に電話を入れる。知らせを受けた肉親は、すぐに遺体を引き取りに来るケースもあれば、引き取りを拒否して無縁仏として供養されることもある。

7 執行に関わる人たち

刑務官の重すぎる心的負担

死刑執行があった日、異様な空気に包まれるのは確定死刑囚たちが収容されているフロアだけではない。

「拘置所の職員全体に、どこか重苦しい雰囲気が漂います。誰が執行に立ち会ったかなどは、長く勤めていればだいたいわかるものですが、刑務官同士で死刑の話題に触れることはありません。触れたくないというのが正しいでしょうか」

現役の拘置所幹部は、声を落としながら、そう明かした。

日常的に確定死刑囚と接している刑務官にも、死刑執行は心的負担が重くのしかかる。

2000年代に入って東日本の拘置所で死刑執行された元死刑囚を知る関係者は、執行後、担当の刑務官が「辛い」とこぼしながら、独房の遺品を整理していたことを鮮明に覚えている。

「(元死刑囚は)部屋をいつもきれいにしていて、対応も素直でね。壁には子どもや家族の写真を貼っていて、おとなしく過ごしていた。やったこと(筆者注：元死刑囚は殺人および死体遺棄罪で死刑確定)は凶悪だけど、普段接していると情は移るよ。いつも見ているのは、そんな素直なやつでしかないんだから。（執行は）ただ悲しいとしか言えない。悲惨だよ」

　その元死刑囚は刑場に連行され、目隠しや手錠をされる直前になり、抵抗をしたという。関係者は、かみしめるような口調でこう話した。

「最後になって、やっぱり嫌だったんだろうね。でも、暴れられると刑務官も嫌なんだよ。押さえつけて手錠して縛ってなんて、誰もやりたくない。できれば、素直に応じてほしいんだよ……」

　こうした刑務官の心中は、収容されている確定死刑囚にも伝わっている。先に紹介した確定死刑囚アンケートの回答には、拘置所内で接する刑務官の姿を通して、死刑制度に疑問を投げかける意見もあった。

　名古屋拘置所に収容中の確定死刑囚（匿名希望）は、こう記している。

「名古屋での執行のとき、（刑務官が）苦しそうに辛そうに仕事をしておられ、執行があったのは（ニュースで）知っていたため、願い事など当時はいろいろとたのんでいたために、大変だと思ったので、私は今日は願い事とかいいので一日ゆっくり休んでくださいと言ったところ、今にも泣きそうな状況で『ありがとう。そんなこと言ってくれるのお前だけだわ』と言って、ポロッと『長いつきあいの奴を、なんのうらみもないのに……』と帰って行きました。国民は刑務官のこのような苦悩を知りません」

ある現職の拘置所幹部は「死刑執行の事実が法務省で公表されるようになってから、刑務官の心のケアに一層配慮するようになった」と明かす。法務省が死刑執行を公表する際には、執行場所である拘置所名も明らかにされる。それが報道されることによって「刑務官の家族はもちろん、親類や知人、子どもの学校にまで『死刑を行った場所に勤めている』というイメージを植えつけかねない」との懸念が生じているというのだ。

幹部は、こう続けた。

「子どもが『お父さんは人殺しだ』といじめられたらどうするのか、逆に子どもから『お父さんは人を殺す仕事をしているの？』と聞かれたらどうするのか。現場ではいろんな悩みが起きているのです」

現役拘置所幹部への異例インタビュー

刑務官、とくに死刑執行施設のある拘置所に勤務している刑務官にとって、確定死刑囚や死刑執行は特別な処遇を要するものだ。それだけに、関係者にとっては重苦しいものであり、日常的に話題にするのは一種のタブーとなっている。

記者会見や国会答弁で法相が死刑制度について語ることはあるが、収容施設の幹部が死刑について公に語ることは滅多にない。

2012年10月、私が東京拘置所に取材に訪れた際、幹部職員が施設の概要説明をしてくれたが、収容者数の内訳に確定死刑囚は含まれていなかった。東京拘置所内に死刑執行施設があることも、説明では触れていない。

その点について質《ただ》すと、幹部職員は「死刑や死刑囚に関しては、こちらから積極的にご説明することはしておりません」と、やや困惑した表情で答えていた。それほど、死刑とは関係者にとってデリケートな問題なのだろう。

この取材の際、被収容者の生活全般を担当する部門の責任者である松田治処遇部長（当時）にインタビューする機会があり、確定死刑囚に関する質問も短時間ながら認められた。確定死刑囚を収容する拘置所の幹部に、死刑について話を聞くことができるのは異例と言ってよい。

——確定死刑囚にはどのように接していますか。

「死刑囚だけ特別に処遇することはありません。しかし、死刑囚は執行によって刑を受けたことになるので、適切に受刑させるのがわれわれの役割だと考えています」

——確定死刑囚の処遇で気をつけていることは何でしょうか。

「東京拘置所には確定死刑囚が六十数人います（当時）。彼らの心情は変化しやすく、拘置所は、そうした変化に細心の注意を払っています。一般の人は普通、死ぬことについて病死ぐらいしかイメージを持っていません。しかし確定死刑囚は執行で死ぬ現実を突きつけられていま す。やむを得ないと思っている人もいれば、冤罪だから納得できないと思っている人もいます。彼らはいつお迎えが来るかわからない心情で平日の朝を迎えています。だからこそ、綿密な動静視察が必要となってきます。

また確定死刑囚は、執行されたくない気持ちも抱えているわけで、どうすれば執行されないかということを考えています。再審請求すれば執行を免れると考えている人もいるかもしれないし、執行を免れるために、逃走、自殺、あるいは職員を殺傷して刑事事件になれば公判中は執行されないと考える人もいるかもしれません」

――心情の変化とは何でしょうか。

「確定死刑囚は、自分を取り巻く外界の変化で気持ちが変わります。例えば、死刑廃止論者が法相に就任すると（死刑執行がないのではないかと）期待します。逆に言えば、執行が続くと不安になる。再審無罪のニュースがあると、自分も再審が認められるのではないかという期待を持ったりもします。家族や支援者が亡くなるということでも、大きく心情が変化します」

――執行があったことを死刑囚は知り得るのでしょうか。

「執行に関する新聞記事は黒塗りにしません。昼のラジオニュースで執行が報道されたら、夕方に録音したものを（独房や共同房に）流します」

――職員の精神的ケアはどうしていますか。

「担当職員は毎日会っているので当然、一定の感情がわきます。個人個人の確定死刑囚の処遇が、全体の中で公平かどうかを注視しています。支援者から得た情報で、自分はほかの確定死刑囚に比べて差別されていると思う人もいます。そういう人は訴訟、国会議員、弁護士、役所などあらゆる手段を用いて、自分は不遇だと訴えようとします。

処遇する職員はたいへんだから、ベテランの有能な人が担当として当たっています。担当職員は神経をすり減らしますから、定期的に交替しないといけません。確定死刑囚の処遇には、上層部を含めて組織的に対応することが重要です」

――死刑囚とはどのような人たちでしょうか。

「ある意味でわがままな人が多いと感じます。自己中心的なところが見えますね。そうでないと、他人の命を奪えないのではないかとも思います」

このインタビューの約2カ月前には、東京拘置所で1名が死刑執行されている。松田処遇部長に「立ち会ったのですか?」と尋ねると、やや顔をこわばらせながら「それは、職務ですから」と短く答えた。独居房から連行されるときの様子はどうだったのかとの質問には「私はその場にはいなかったのでわかりません」と話し、それ以上、言葉を続けようとはしなかった。

インタビューに加えて直近の執行に対する質問で、松田処遇部長の脳裏に重苦しい記憶がよみがえっていたことは想像に難くない。こわばった表情からは、拘置所内で日常的に死刑囚と接しながらも、いずれその死を見届けなければならないという刑務官の厳しい現実がにじみ出ているようだった。

刑場へと見送る教誨師の苦悩

確定死刑囚が執行の直前、接することのできる人のなかで、刑務官や立ち会いの検事でもない唯一の「民間人」が教誨師だ。

教誨師は、牧師や神父、僧侶などの宗教人で、それぞれの宗派の教えに基づき、刑務所や拘置所などの被収容者に対する心のケアを行う。全国教誨師連盟によると、全国には１８２０人の教誨師がおり、仏教系が１１９１人、キリスト教系が２５２人などとなっている（２０２０年１月現在）。

活動はボランティアが基本で、定期的に刑務所や拘置所に通い、集団または個別で教誨を行う。とりわけ、死の運命に直面している確定死刑囚は、教誨師を心の大きなよりどころにしていることが少なくない。

全国教誨師連盟は教誨の目的について、ホームページの中で次のように記している。

「教誨は自己の信ずる教義に則り、宗教心を伝え、被収容者の徳性を涵養《かんよう》するとともに、心情の安定を図り、被収容者には自己を洞察して健全な思想・意識・態度を身につけさせ、同時に遵法の精神を培《つちか》い、更生の契機を与える。もって、矯正の実をあげ、社会の安定に寄与することを目的とします」

教誨の大きな目的の一つは、受刑者の更生と社会復帰を手助けすることにある。だが、執行を待つ身の確定死刑囚にとって、「社会復帰」という言葉は心に虚しく響くだけだろう。外部との接触を極端に制限され、国家によって合法的に殺される時がいつやってくるかも知れないという孤独と恐怖にさらされている確定死刑囚にとって、教誨師との語らいは貴重な癒しの時間でもある。同時に、確定死刑囚の心情の安定につながる場として、拘置所側も処遇上のプラスとなる機会としてとらえている。

一方で、教誨師にとって、すがるような気持ちで接してくる確定死刑囚と向き合うことが、相当な心的負担を生むことは想像に難くない。さらに、確定死刑囚を受け持つ教誨師にはもう一つ、重要な役割がある。それが、死刑執行の際に最後の教誨を施すことだ。

10年以上の経験がある教誨師の吉永秀樹さん（仮名）は、待ち合わせ場所に指定した喫茶店の一角に腰を据えてコーヒーを注文すると、カバンの中から1冊の手帳を取り出した。やや古ぼけた表紙を手にページをめくっていた吉永さんは、あるページでその手を止めた。

「この日のことは忘れられません」

1週間ごとに予定が書き込める手帳の中から、吉永さんが開いた「この日」の欄には、ボールペンでいくつかのスケジュールが書き込まれていた。

7時タクシー迎え
7時半拘置所着
7時45分拘置所長あいさつ

タクシーは正面ではなく裏門につけられ、人目を忍ぶように建物の中に入る。所長室に通されると、拘置所幹部らと型通りのあいさつを交わした後、やや強ばった表情の所長が口を開いた。

「今日、木田誠に刑が執行されます。最後に教誨をお願いします」

木田誠死刑囚（仮名）は、殺人罪などで死刑が確定し拘置所に収容されており、吉永さんは約3年間にわたって教誨師として交流を続けてきた。所長は慎重に「死刑」という単語を避けていたが、教誨を施してきた相手が間もなく絞首台に立たされる現実を突きつけられ、吉永さんは背中に冷たいものを感じながら「わかりました」と答えるのがやっとだった。

それなりの覚悟はあった。前日、拘置所の処遇担当部長から電話があり「明日朝、7時半に拘置所へ来てください」と告げられていたからだ。理由の説明はなかったが、処遇担当部長の普段とは打って変わった重苦しい口調から、死刑執行の知らせであることを直感した。

死刑執行に立ち会う経験はなかったが、確定死刑囚の教誨を担当していれば、いつかはその時が訪れるとは思っていた。交流のある数人の確定死刑囚の顔を思い浮かべながら、まんじりともせず夜を過ごした。

「なぜ木田さんなのか。理由は何ですか。殺す意味はどこにあるのですか。そう叫びたくもなりましたが、どうしようもありません。教誨師としての役割を果たすよう、自分に言い聞かせていました」

所長室の近くにある控え室で待っている間、この3年間に木田死刑囚と話したことを思い出しながら、目をつぶって考え込んでいた。刑の執行を目前にした死刑囚に、いったい何を語りかければいいのか。自分に何ができるのか。迎えの刑務官がドアをノックするまでの15分間ほどが、とてつもなく長く感じられた。

刑務官に導かれながら5分ほど歩くと、刑場の入り口に着いた。拘置所内をぐるぐると回るように歩いたせいか、場所がどこなのかよくわからなかったが、地下にいるように感じられた。

いくつかのドアをくぐる間、それぞれに刑務官が緊張した面持ちで立っていた。この何分か後には、この道を木田死刑囚も歩くことになる。その時のことを想像すると、胸が締めつけられる思いだった。

刑場のドアを開けると、カーテンで仕切られた部屋があった。部屋の隅にはテーブルと椅子が置かれ、小さな祭壇が設けられており、拘置所長ら幹部のほか、警備の刑務官十数人がその周りを取り囲むように立っていた。

カーテンで隠された向こうには、天井から首をくくるロープが垂れ下がり、床には木田死刑囚が立たされる踏み板がある。幹部たちの脇に来るよう勧められたが、鉛のような空気に押しつぶされそうになり、その場にしゃがみ込みたい気持ちだった。

最期の語らい

午前8時半近く、刑場のドアが開き、両脇を刑務官に挟まれた木田死刑囚が入ってきた。引きずられることなく、自分の足で歩いている。緊張していた吉永さんは、その様子を見てほっとしたと言う。

「自分ではまったく理解できないのですが、そんな気持ちになったんです。救いを求めようとする心が、そうさせたのかもしれません」

木田死刑囚は、吉永さんの姿を見つけると、安心したかのように笑顔を見せた。笑顔を返したのかどうか、吉永さんの記憶は定かではない。「手続き」は淡々と進み、椅子に座らされた木田死刑囚に拘置所長が近づき、執行命令書を読み上げ、死刑執行の事実を伝えた。拘置所長の言葉に抑揚はない。その間、木田死刑囚は取り乱すことなく、黙って聞き入っていた。

木田死刑囚は吉永さんが教誨を受け持った3年前から、死を受け容れている様子だった。被害者の冥福を祈り、宗教の話をした後は、いつも自分が書いた詩を見せてくれた。故郷や母親などについてつづった詩は、純朴な少年のように素直なもので、死への怖れを感じさせるものではない。話が死に及んだときも、木田死刑囚は「私はいつでもいいんです」と話していた。刑場での木田死刑囚は、その言葉通りに落ち着いた様子だった。

死刑執行を告げると、拘置所長は木田死刑囚にお茶と菓子を勧めた。遺書を書くことも促したが、木田死刑囚はお茶を飲んだだけで、菓子には手をつけず、遺書も断った。すこし間をおいて、拘置所長が「では、お願いします」との言葉とともに、吉永さんに最後の教誨を施すよう目配せした。

木田死刑囚に近づく数歩の間も、吉永さんは自分が何を語っていいのかわからなかった。椅子に座って目の高さを合わせて向き合うと、木田死刑囚はいつもの教誨の時間と同じように笑顔を見せている。その笑顔に救われたかのように、吉永さんは「ついにこの時がきてしまいましたね。でも、いつものようにお話をしましょう」と語りかけた。

これから旅立つ世界のこと、木田死刑囚が書いてきた詩のこと。許された時間は5分あまりだったが、吉永さんは木田死刑囚と話しながら緊張が解け、教誨師としての自分を取り戻していた。拘置所長が終わりを告げようとしたとき、吉永さんはゆっくりと立ち上がり、取り囲むように立っている刑務官たちに落ち着いた口調で話した。

「もうすこしだけ離れてください。私たちだけの空間をください。最後に彼と話をしたいのです」

刑場に一瞬、緊張が走ったが、拘置所長が「わかりました」と短く答えると、刑務官たちは何も言わずに数メートル退いた。吉永さんが近づくと、木田死刑囚も立ち上がり、お互い抱き合った。刑場で確定死刑囚の体に触れてはいけないと言われていたが、止める者はいなかった。

「私たちは兄弟です」

「何もできなかったけれど、また会いましょう」

木田死刑囚を抱きしめた吉永さんは、そう語りかけた。

「大丈夫ですよ、先生。ありがとうございました。お元気で」

木田死刑囚の答えが、二人の最後の会話だった。

木田死刑囚から離れた吉永さんのもとに刑務官の一人が近づき、「これから行いますので、先生は……」と耳打ちした。木田死刑囚の笑顔は、刑務官たちに囲まれて見えなくなり、吉永さんはそのまま刑場のドアを出た。

それから約1時間後。吉永さんが再び会った木田死刑囚は、棺に納められていた。

「立派な最期でした。先生のおかげです。ありがとうございました」

拘置所長ら幹部が深々と頭を下げ、吉永さんも祈りを捧げた。しかし、棺の中にいる木田死刑囚の顔を見ることはできなかった。

「殺人」に加担した者は赦されるのか

吉永さんは、死刑執行に立ち会った自らの気持ちを整理できなかった。

教誨師になりたての頃、死刑執行に立ち会ったという先輩の教誨師から、自分の気持ちを整理できなくて、同じ教誨師の仲間に「自分のために祈ってほしい」と頼んだという話を聞いた。そのことを思い出し、吉永さんも親しい宗教者に祈ってもらった。

「教誨の活動というのはミッションだと思っています。仕事じゃなくて使命なんです。でも、自分のしたことはミッションを超えている。戦争に行ったら、こんなのとは比べものにならない惨状が広がるわけで、だからみんな精神を病むんでしょうね」

後日、吉永さんや執行に携わった刑務官や木田死刑囚の担当だった刑務官らが集まり、拘置所内で簡素な慰労の会が開かれた。拘置所長は「国家の決めた事柄をしたのですが、さまざまなお気持ちがあると思います。しかし、法律にのっとったことなので、理解して収めていただきたい」と話した。だが、吉永さんは「自分は人殺しに加担した一味だ」という思いが消えることはなかった。

「直接手をかけたわけではないですし、彼も法的に仕方なくその場所にいて、彼の望みもあって私はその場所にいただけなのですが……。でも、人殺しに手を貸したことには変わらないと思うんです。例えば私がそこで大暴れしてやめさせようとしても、せいぜい1日（死刑執行が）延びるくらいでしょう。結局、私にやめさせることなんてできないんですから」

「この人がそんなに悪い人かなと思いますよ。会っているときにはそう思うこともあるんですよ、多分に。でも、よっぽどの冤罪でないかぎり、彼自身がやったことで不幸にしてしまった人たちもいる。だから、法治国家の中で決められたことに関して、彼が苦しめた人の方には寄り添わないで、彼だけの気持ちに沿ってそれを暴れてやめさせたとしても、結局、うまく説明がつかない行動でしかないですよね、どっちにしても。だから、担当した人たちが最後に一緒にいてほしいというのであれば、その願いをすこしでも実現できるように精一杯のことをするしかないのですよ。（死刑執行を）やめさせることもできないし、私には何もできないですから……。何と言っていいか、やはり言葉になりませんね」

木田死刑囚の執行直後は、教誨を担当するほかの確定死刑囚が死への恐怖と動揺をぶつけてきたが、自らも実際に立ち会った苦しみをさらけ出した。

「彼らに『私は見本的な信仰者ではありません。優秀な宗教者でもない。駐車違反もするし、教誨で使おうとしていた本を忘れちゃったりもする。そんなダメな私ですがいいんですか』と聞くんです。そうすると『そういう不完全な人の方がいいんです。親近感がわくし、完璧な人ならむしろ合わない』と言うんです。他の人に替わってほしくもないと。だから、最期まで行きましょうと話をしたんです」

教誨師が死刑囚に対してできることは何なのか。「殺人」に加担した自分は赦されるのか。答えの出ないまま、吉永さんは同じ拘置所で確定死刑囚への教誨を続けている。

II 死刑と償い

1 ある「元死刑囚」の記録

世論が生んだ呼称

日本の報道機関では、刑が執行された確定死刑囚に対して「元死刑囚」との呼称が使われることが一般的だ。だが、この呼称の持つ意味はやや複雑だ。罪を犯して刑務所に収容され、刑期を終えて社会復帰した人には「元服役囚」という呼称を使わず、一般の人と同じく「さん」付けにする。確定死刑囚は、死によって科せられた刑罰を果たすことになるが、死刑執行後も「さん」付けではなく「元死刑囚」との呼称が使われる。

1997年8月に連続射殺犯の永山則夫元死刑囚が東京拘置所で死刑執行された際、一部の報道機関では「永山則夫氏」「永山則夫さん」という呼称を使ったが、定着することはなかった。当時を知る関係者は「読者から『死刑になった人間を一般人と同等に扱うのか』といった苦情が寄せられた」とも話しており、そうした世論が「元死刑囚」の呼称を生んだとも言える。

確定死刑囚たちの起こした事件の社会的インパクトや、遺族感情などを考えると、死刑執行後に「さん」や「氏」といった呼称を使うことに抵抗を感じることは理解できなくはない。メディアのなかには「死刑囚は社会復帰することがなく、懲役刑の服役囚とは前提が違う」との意見もある。

だが、一方で「元死刑囚」という呼称は、確定死刑囚たちが拘置所の中で自らの罪と向き合いながら時間を過ごし、それぞれの最期を迎えていった事実から目をそらすことにもつながる。確定死刑囚はどのような心境で刑を執行され、周囲はそれをどう受け止めたのか。福島瑞穂議員が行ったアンケートへの回答直後に処刑された、ある「元死刑囚」の姿を追った。

「立派な最期でした」と告げられた母の涙

棺に入った息子は、花に囲まれ、穏やかに眠っているように見えた。

「(最期に)母ちゃんの顔を見ることはできんかったね」

母は声を絞り出して語りかけた。

福岡市早良《さわら》区の福岡拘置所。その一角にある刑場で、松田幸則元死刑囚(当時39)に死刑が執行されたのは2012年9月27日だった。報せを受けた70代後半の母は、その翌日に熊本県内から駆けつけ、拘置所内で行われた葬儀で手を合わせた。

応対した拘置所幹部は「立派な最期でした」と告げた。遺書は書かれていなかったが、執行直前に母への遺言を遺していた。

「母ちゃんにいろいろ迷惑かけてすいませんでした。元気で長生きしてください。母ちゃんの子どもに生まれてよかった」

その言葉を伝えられた母は、拘置所の職員たちに頭を下げながら、ただただ泣いた。

松田元死刑囚が事件を起こしたのは2003年10月16日。熊本県松橋町（現・宇城《うき》市）で男女2人を殺害し、現金を奪った。発生当時、犯人は特定されておらず、新聞は事件の概要をこう伝えている。

《民家で男女死亡「殺人」で捜査─熊本・松橋町》

16日午後7時ごろ、熊本県松橋町曲野《まがの》の木下啓子さん（54）方で、木下さんと同県不知《しらぬ》火《ひ》町松合《まつあい》、三浦隆雄さん（54）が脇や腹などから血を流して死んでいるのを訪ねて来た知人が発見、熊本県警松橋署に通報した。県警は殺人事件の可能性が高いとみて捜査している。

調べでは、家は平屋で、三浦さんが居間であおむけに、木下さんはトイレで横向きに倒れていた。2人とも死後数時間がたっているとみられる。家の中では刃物などは見つかっていない。玄関のカギは開いていたが、部屋には荒らされた形跡はなかった。2人は内縁関係だった。

近所の人の話によると、木下さんは昨年秋ごろに引っ越してきた。1人で住み、三浦さんが頻繁に来ていた。三浦さんが5月ごろに脳こうそくで倒れてから一緒に生活するようになった。

（2003年10月17日付朝刊、毎日新聞西部版）

《熊本の2遺体、殺人と断定　貸金トラブルの可能性　県警》

熊本県松橋町の民家で男女2人の遺体が見つかった事件で、亡くなった同県不知火町松合、三浦隆雄さん（54）が、複数の知人に以前からカネを貸し、2人で回収もしていたことが、知人らの話でわかった。三浦さんらが死亡していた部屋では凶器が見つかっておらず、県警は殺人事件と断定、17日午前、捜査本部を設置した。貸金を巡るトラブルがあった可能性もあるとみて調べる。

現場は松橋町曲野、木下啓子さん（54）方。県警によると、三浦さんと木下さんの上半身には複数の刺し傷、切り傷があり、大量に血を流していた。

知人の女性によると、三浦さんは今年5月に脳出血で倒れ、体がやや不自由。別の知人男性の話では、木下さんが車を運転し、2人で貸金の回収にあたっていたという。

この男性は「遺体がみつかった前日の15日夜、三浦さんや木下さんと一緒に食事をした。いつもと変わらぬ様子で16日も食事をする約束をした」という。

（2003年10月17日付夕刊、朝日新聞西部版）

松田元死刑囚が強盗殺人の容疑で逮捕されたのは、それから2週間あまりが経った11月4日。熊本県警の捜査本部は、被害者が複数の人に金を貸していたことに着目し、金の貸し先や目撃情報などを洗い出したところ、松田元死刑囚が浮上した。逮捕、送検された松田元死刑囚は、取り調べに対して大筋で容疑を認め、動機について「借金返済に困ってやった」と供述したと報じられている。

松田元死刑囚はその月の25日、強盗殺人罪で熊本地検に起訴された。

起訴状には、松田元死刑囚が10月16日午前11時20分ごろに被害者宅を訪れ、柳刃包丁で2人の胸を数回刺して殺害し、現金約8万円や腕時計などを奪ったことが「犯罪事実」として記された。松田元死刑囚は三浦さんや消費者金融などから計数百万円の借金があり、返済に困っていたことが動機とされ、柳刃包丁や奪った腕時計などは、松田元死刑囚の自宅近くの空き家から見つかっていた。

2004年1月から熊本地裁で公判が始まり、4月17日に検察側は「身勝手な動機から、まったく落ち度のない被害者を殺害した」「改悛《かいしゅん》の状もなく、極刑で臨む以外にない」として、死刑を求刑した。

２００６年９月21日の判決公判では、裁判長は「反省の態度がまったく見られない」などと述べ、求刑通り死刑判決を下した。弁護側は「殺害数時間後に現場に戻り、金品を奪った」とし、殺人罪と窃盗罪に当たると主張したが認められず、より刑罰の重い強盗殺人罪が適用された。控訴審でも、福岡高裁は２００７年10月３日、熊本地裁判決を支持して控訴を棄却。最高裁に上告したが、松田元死刑囚自らが上告を取り下げ、２００９年４月３日付けで死刑が確定した。

臆病で口下手な「凶悪犯」

熊本地裁での公判で、松田元死刑囚は検察側から「鬼畜にも劣る犯行だ」と指弾された。福岡高裁での控訴審判決でも「借金の返済資金欲しさに、短絡的に犯行に及んだ動機に酌量すべき点はまったくない」と、死刑回避を求める弁護側の主張を一蹴している。

松田元死刑囚の死刑執行後に行われた臨時記者会見で、滝実《まこと》法相（当時）はその犯行を「自分が生活に困ってお金を借りていた折りに、２人を殺害して金品を盗ったという強盗殺人事件。身勝手な理由から被害者の尊い人命を奪うという極めて残忍な事件」と述べた。

判決文に書かれた起訴内容や、事件当時の新聞報道を読むかぎりでは、借金の返済を逃れるために２人を包丁で刺し殺し、金品を奪った松田元死刑囚の犯行は「極めて残忍」という表現そのものだ。逮捕直後の新聞紙面は「これで安心して出歩けるようになった」「余りにも簡単に人を殺しすぎる。世の中、どうにかならないのか」といった、近隣住民たちの声を掲載している。そこから浮かんでくるのは、凶悪犯としての松田元死刑囚だ。

だが、一審で弁護を担当した三《み》角《すみ》恒《こう》弁護士は、逮捕直後に接見した松田元死刑囚の印象を

「おとなしいし、どちらかというと優しい感じの青年という印象でしたね。言葉遣いも丁寧だし、粗暴な感じはまったくしなかった」と話す。死刑が執行されたことには「2人を殺した事実は重い」としながらも、複雑な表情を見せながら、こう続けた。

「本当に死刑にならなくてはいけない事案だったのでしょうか」

三角弁護士は接見の際、松田元死刑囚に凶器となった包丁を持って行った理由を尋ねている。

その答えは、意外なものだった。

「脅すためだった」「殺すためじゃなかった」

では、なぜ金品を奪ったのか。その問いにも、松田元死刑囚は「(犯行後に)一度車で(現場を)離れてから、また戻ってきて盗んだ」と説明した。それが事実であれば、殺人罪と窃盗罪に問われ、強盗殺人罪では訴追されない可能性があった。

「事実と違うのなら、絶対に(検察の取り調べで)認めちゃダメだ」。三角弁護士は何度も念

を押したが、松田元死刑囚は罪を認め、強盗殺人を「自白した」という形になった。松田元死刑囚は、三角弁護士に「死者から物を盗ることのほうがより罪が重いと思った」と説明したという。

そうした松田元死刑囚を、三角弁護士は「臆病だったんだと思います」と言う。

「脅すつもりだったとしても、本人は怖くてたまらないんです。相手に『なんだ、お前』みたいなことを言われて、もうめった刺しにしてしまう。怖さが高じてのことだろうけれど、そうした犯行を以《もっ》て『残虐だ』という評価になってしまうんです」

公判で、弁護側は強盗殺人罪にはあたらないことを主張し、死刑回避に努めた。その一方で、松田元死刑囚は被害者への深い謝罪とともに、何度も死刑への覚悟を口にしていた。だが、判決では反省がみられないと指弾されている。「口下手だったせいか、その思いを公判で十分に表現できなかったのかもしれません」。三角弁護士は、そう振り返った。

松田元死刑囚は逮捕直前、母を抱きしめたときのことが「忘れられない」と三角弁護士に話している。

「逮捕される前、自分の母親を抱きしめたら、母親が小さかったと言うんです。こんなに自分の母親というのは小さいものなのかと思ったって。そのとき、涙を流していたかどうかは覚えていませんが、気持ちとしては泣いていたんだと思います。母親に対して済まないという気持ちで」

三角弁護士が弁護を担ったのは、一審で死刑判決が下されたときまでだった。控訴審で別の弁護士がついた後も、松田元死刑囚からは年賀状などの手紙が何度か寄せられた。新しい弁護士もよくしてくれていること、元気に過ごしていること……。だが、福岡高裁での控訴審は、一審の死刑判決を支持した。上告を自ら取り下げたことを聞いたとき、三角弁護士は「どきっとはしなかった」と言う。

「控訴だって取り下げたいということを言っていたくらいですから。いつまでもこういうことをしたくないと、潔く逝きたいと。だから、取り下げたんでしょう」

一方で、母親からは「息子は死刑になるんですね」と何度も質された。「わからない」と答えるのが精いっぱいだったが、結局は母親の言葉どおりとなった。「これ以上の親不孝はないですよね」。三角弁護士は、そうつぶやいた。

小さな集落で生きる「殺人犯の母」

松田元死刑囚への刑が執行された後、事件現場の周辺を歩いた。交通量の多い県道に沿って、いくつかの飲食店や携帯電話の販売店が点在している。県道から脇道に入っていくと、一気に交通量は減り、田んぼなどの農地が目立つようになる。用水路が流れ、田畑の周りに築年数がだいぶ経過したであろう民家がいくつか集まっている。松田元死刑囚の犯した罪の現場は、その一角にあった。

日中ながら、周辺の道路に人の姿はあまりない。農家の軒先で、軽トラックに乗り込もうとしていた男性に声をかけた。

「以前、ご近所であった殺人事件のことを覚えていますか」

事件発覚後、犯人が逃走していたこともあり、警察は非常線を張って捜査に乗り出し、現場周辺は物々しい雰囲気に包まれていたはずだ。自宅の近所で殺人事件が起きることなど人生でそう体験することではなく、約10年が経過しても記憶が風化することはないだろうと思っていた。

だが、男性は「そんなことあったか」と首をかしげ、事件の詳細を伝えると「あぁ」と、興味なさそうに答えるだけだった。

「どんな事件だったかも忘れたな」

男性は、その犯人が死刑判決を受け、数カ月前に執行されたことも知らなかった。そうした反応は、現場近くの民家や食堂でも同じだった。現場となった民家はすでに取り壊され、更地になっている。事件を想起させるものは何もなく、そこで暮らしていた被害者の人生も、絞首台に立つこととなった松田元死刑囚の罪も、人びとの記憶からはもはや消え去っていた。

「もうよかです」

玄関の引き戸を開け、応対した年老いた女性は、私が訪問の意図を告げると、うつむきながらもはっきりとした口調で拒絶の意志を示した。

山間部の畑に囲まれた、小さな集落。街灯は少なく午後7時を回ると、一帯は真夜中のような暗闇に沈む。虫の音や蛙の鳴き声が響く中、さらに暗闇を濃くしたような一角に、小さな墓地があった。真新しい花が飾られた墓石には、正面に「松田家」と名前が刻まれている。松田元死刑囚の母である女性は、その約2カ月前に刑死した息子が眠る墓に寄り添うように、集落の片隅で愛犬とともに暮らしていた。

「テレビや新聞にいろいろと書かれてな、だいぶ辛かな目にあっとるでな。またウソ書かれるでな」

顔の深い皺が、疲労の影を一層濃くしていた。「殺人犯の母」に対し、小さな集落で浴びせられた視線は刺すような痛みを伴っていただろうことは容易に想像がつく。その痛みは和らぐことなく「死刑囚の母」、そして「死刑になった男の母」と言葉を変えて、女性を苦しめている。

訪問の意図は事前に手紙で伝えておいたが、取材に関する行為の一つ一つが、その苦しみを増幅させていたのは間違いない。取り繕う言葉が見つからないまま、私は突然に訪問した非礼をただ詫びるしかなかった。

母親が引き戸を閉めようとする手を止めたのは、松田元死刑囚がアンケートで母親のことを気遣う内容を記していたことを伝え「お母さんのことを本当に心配していたようですね」と話しかけたときだった。母親は、一呼吸した後で、小さく「はい」とうなずいた。

2012年に行ったアンケートで、松田元死刑囚は「取り返しの付かないことをしたと強く後悔するとともに、被害者やその遺族の方々に対して言葉では言い表せないほどに申し訳なく思っています」と、犯した罪への謝罪と反省の言葉を連ねていた。自ら上告を取り下げた理由は「被害者の遺族の方々の為にも、一日でも早く裁判を終わらせなければと考えていました」と説明し、死刑が確定してしまうと連絡が取れなくなる知人や友人との面会や手紙のやり取りをした後に、上告を取り下げたと書いている。

だが、そうしたなかで「日々の生活の中で感じている楽しみや喜び、悩み」を尋ねた箇所では、一貫して母への思いがつづられていた。

「いつも自分のことは二の次にして私に精一杯のことをしてくれているので、自分の生活がちゃんとできているのだろうかと心配しており、一人残された母のことを思うと申し訳なさと自分に対する腹立たしさから気が狂いそうになってしまいます」

聞けなかった母の問い

死刑執行の前日、母親は「息子がどうかなる」との兆しを感じたという。翌朝、福岡拘置所から死刑を執行したとの電話があり、天を仰いだ。アンケートで松田元死刑囚は、死刑執行の告知を「できれば1カ月くらい前、それが無理であれば2週間くらい前」に行ってほしいと記していた。執行方式についても「アメリカのような薬物注射」を望んでいたが、いずれも果たされることはなかった。

松田元死刑囚は、執行の直前に母親へ送った手紙に「(執行の) 順番が近づいてきている」と書いていたという。だが、死刑執行への恐怖などには触れず、母親への感謝の気持ちをつづっていた。

「『母ちゃん、好きなもの食べて、元気でおって』っていうてな。『母ちゃんは自分にばっかりお金を送ってくれて、いつも感謝しとる』って。いつも感謝しとったです。私も精いっぱいなことをしたんでな……」

拘置所で息子と対面し、霊柩車《れいきゅうしゃ》に遺体を乗せるとき、拘置所の刑務官が母親に言った。

「模範囚でした。いつも笑顔で、頭が低かった」

別の刑務官も「私は松田に教わりました」と語りかけてきた。松田元死刑囚は、立ち会いの拘置所幹部や刑務官らにそれぞれお礼を述べ、静かに絞首台に立ったという。「お母さん、最期は立派でしたよ」。母親は、拘置所幹部にそう言われた。

「こぎゃんうれしかったことはないと、泣いたですたい。来てよかったと思ったですたい」

視線を落としたまま話す母親に、少し間を置いて「そうした言葉を聞いて、お母さんはどう思われましたか」と尋ねた。母親は、一瞬視線を上げて私と目を合わせ、それからまたうつむいて「私は……本当はですね……」と言葉を続けた。

「ほんとは、電気を押しなった人たちに、どぎゃんした気持ちで押しなったですかと聞こうかと思ったですたいね。ばってん、もう、できんかったですたい」

目隠しに後ろ手錠をされた死刑囚は、絞首のロープをかけられた直後、立たされた踏み板が開いて地下に落下する。母親の言う「電気を押しなった人たち」とは、踏み板を外すボタンを押した刑務官のことを指していた。

「でも、仕事上、仕様がなかったですもんな。電気のスイッチ押すのはな。そんなの聞いても、返事はできんもんな。仕様がなかったもんな」

母親は、自分に言い聞かせるように「仕様がなかった」との言葉を繰り返した。どんなに「模範囚」であったとしても、抵抗することなく「立派な最期」を迎えたにしても、一人息子が絞首刑に処された事実は変わらない。絞首台の上に立った息子の首に縄をかけ、奈落の底に落とす「電気のスイッチ」を押したのは、目の前にいる刑務官たちだと思うと、母親は胸が張り裂ける思いだった。

松田元死刑囚が独房に残した私物は、すべて引き取った。衣類や日用品はきれいに整理され、母親が差し入れた現金は細かくノートに記録されていた。受け取った手紙も大事に保管されていたが、その束の上には松田元死刑囚が母親に記した書きかけの手紙があった。4枚の便箋の日付は、死刑執行の2日前だった。それらを見て、母親はまた涙を流した。

茶毘に付された息子を抱えながら、母親の脳裏には事件後の日々がよぎった。

周囲からは「死刑の家族とはつき合えん」とささやかれ、先立った夫が生前手にした退職金も「奪ったカネだろう」と言われた。後ろ指を差され続けることに耐えられず、夫と自殺を話し合った日は数え切れない。首を吊ろうとロープを手に、夫婦で夜中の山中をさまよい、そのまま朝を迎えた日もあった。生活から笑いや楽しさが失われるなか、母親は2人の被害者の名前を札に書いて壁に貼り、夫と毎日手を合わせてきた。

だが、そうした苦しみが、死刑囚となった息子に刑が執行されたことで消えるわけではない。むしろ、息子が殺《あや》めた2人の死に加え、息子当人の死にも向き合うこととなり、心には底知れない暗闇が広がるようだった。

「苦しかです。でも、生きていくしかなかとです」

母親は、絞り出すように言葉を続けた。

面会室で、松田元死刑囚は母親にこう話したことがあるという。

「もし無期懲役になっても、帰れるころには母ちゃんたちはおらんけ。母ちゃんが元気なうちに帰るよ」

息子がどんな姿で帰ってくるのか、意味することは明らかだった。あえて「死」という言葉を避けながら、落ち着き払った様子で話す姿に、母親は語りかける言葉が見つからなかった。

やがて、その言葉どおりに、息子は刑に服し、母親のもとに帰ってきた。

「私が元気なうちに（息子が）帰ってきてくれた。それがうれしかです。いろいろつろう目にあったけど、自分らにとってはいつまでも一人息子ですけんの」。母親はそう話し、目頭を拭った。

独り暮らしの居間の仏壇には、夫の横に息子の写真を置き、母親は毎日の出来事を静かに語りかけている。

2 死刑になるはずだった元凶悪犯

純朴そうな無期懲役囚

ＪＲ岡山駅からバスに乗ると、10分ほどで窓からの風景はビルが建ち並び交通量の多い中心部から、山林や田畑が広がる郊外へと移り変わる。岡山県の中心部を流れる旭川に沿った道をさらに15分ほど進んでいくと、バスは「牟佐下《むさしも》」と書かれた小さな停留所に停まった。

緑に囲まれたのどかな道を5分ほど歩いていくと、コンクリート製の高くて厚い壁が視界に入ってくる。岡山刑務所（岡山市北区牟佐）は、専門用語で「ＬＡ級」と分類される「懲役10年以上で犯罪傾向の進んでいない受刑者」が収容されている施設で、無期懲役囚も服役している。２０１２年11月、辺鄙《へんぴ》な場所にある岡山刑務所を訪れたのは、収容されている無期懲役囚の一人に会うためだった。

正門で面会の申し込みをすると、先には小さな待合室がある。そこで荷物や携帯電話などをロッカーに預け、金属探知機を通って渡された番号札を手に刑務所内へ入っていく。すこし歩くと再び小さな待合室があり、粗末なベンチに腰をおろして待っていると、スピーカーから番号札と部屋の番号がアナウンスされた。ドアの向こうには廊下に沿って小部屋が並んでおり、指定された一番奥の部屋に入った。岡山刑務所で服役中の受刑者が、外部と接触できる数少ない場所が、この「面会室」だ。

コンクリートがむき出しの古ぼけた3畳ほどの面会室は、真ん中から壁と透明のアクリル板で遮られている。数少ない外部と接触できる場所でも、面会人の放つ「娑婆《しゃば》」の空気には、直接触れることはできない仕組みになっている。

丸椅子に座ってしばらくすると、ノックもなくアクリル板の向こうのドアが突然開き、刑務官の後ろから、やや青白い顔をした中川政和受刑者（仮名）が姿を見せた。私の顔を見るなり、はにかんだような笑顔を見せながら「久しぶりですね、お元気ですか」と声を発し、軽くお辞儀をするような仕草をしながら丸椅子に座った。

同行してきた刑務官は、ドアを閉めると男性の横に座り、記録用のノートを広げながら、面会の開始を目で合図してきた。面会は約3年ぶりだった。受刑者との面会は、あらかじめ登録された親族や知人などに限定されているが、中川受刑者とは以前から取材などを通して文通を重ね、知人として面会できるようになっていた。

中川受刑者は1968年生まれで、このとき40歳代半ばだった。薄い緑の作業服姿で、髪は五分刈り。痩せた顔つきには、やや疲れた表情も浮かぶ。中川受刑者は、それを察したかのように「ちょっと風邪をひいてしまったんです。でも、もうすっかりよくなりました」と話し、再び笑顔を見せた。

純朴そうな姿からは、この人物が凄惨な事件の主犯格だったという事実を重ね合わせるのは難しい。中川受刑者は1988年2月、仲間5人とともに名古屋市内でデート中の男女を襲い、監禁して殺害する事件を起こし、主犯格として無期懲役が確定して岡山刑務所に収容されていた。岡山刑務所での服役期間は、20年近くになろうとしている。

犯罪史に残る「名古屋アベック殺人事件」

中川受刑者の起こした事件は「名古屋アベック殺人事件」と呼ばれ、戦後の犯罪史に刻まれている。執拗《しつよう》な暴力と残忍な手口で被害者を死に至らしめたことに加え、当時20歳だった暴力団組員の男性を除き、加害者の全員が17歳から19歳の未成年（2人は女性）だったことが、社会に大きな衝撃を与えた。

事件が発覚するきっかけとなったのは1988年2月23日早朝、愛知県名古屋市緑区の大高緑地公園で、通行人がフロントガラスや窓ガラスが粉々に破壊された乗用車を発見したことだった。

通行人は警察へ通報し、駆けつけた警察官が車内から血のついた下着を発見し、事件としての捜査が開始された。すぐに、車に乗っていた理容師の男性（当時19）と、理容師見習いの女性(当時20)の2人が行方不明になっていることが判明。捜査の結果、目撃情報などから27日に当時とび職だった中川受刑者ら6人が逮捕され、供述から三重県の山中で行方不明になっていた男女2人の遺体が発見された。

事件の詳細は、凄惨を極める。

起訴状などによると、6人は23日の未明、大高緑地公園の駐車場で、車に乗ってデート中だった2人を外に引きずり出し、鉄パイプや木刀で暴行。現金約2万円などを奪ったほか、女性を強姦した。

さらに2人を自分たちの車で連れ回し、事件の発覚を恐れ、24日に愛知県長久手《ながくて》町の墓地で男性の首をロープで絞めて殺害する。25日には女性を三重県内の山林に連れて行き、やはりロープで首を絞めて殺し、掘った穴の中に2人の遺体を埋めた。

殺害方法は、綱引きのようにしてロープで首を絞め上げ、数十分かけて死に至らしめるという残忍なものだった。6人は事件の直前にも、名古屋市内で別のアベック2組を襲い、うち1組の男女に全治1週間のけがを負わせたうえ、現金など計約10万円相当を奪うなど、場当たり的で快楽的な犯行を繰り返していた。凶行は、その延長線上で起きたものだった。

同じ時期にあたる1988年11月から1989年1月にかけて、東京都足立区で少年4人が女子高生を41日間にわたって監禁し、暴行や強姦を繰り返して死亡させ、遺体をドラム缶に入れてコンクリート詰めにして遺棄した「女子高生コンクリート詰め殺人事件」が発生している。少年犯罪に対する世間からの厳しい目が注がれるなかで、中川受刑者らは起訴され、公判が進められていった。

未成年への死刑判決

中川受刑者は公判で、検察官や裁判官から厳しい追及を受ける。だが、犯行に至った理由を尋ねられても、何も言えない。2人の殺害を仲間に提案した中川受刑者は、その理由を問われ「格好をつけて冗談半分に言った」と返答している。検察官から「冗談で人を殺す話をするのか。そんなことがあるのか」と追及され、答えに窮する場面もあった。

1989年6月28日、名古屋地裁の小島裕史裁判長は当時19歳だった中川受刑者に求刑通り死刑判決を言い渡した。「まれに見る残虐、冷酷な犯罪で、遺族の被害感情を考えると、死刑もやむを得ない」というのが、その理由だった。

ほかの少年や少女ら5人の被告人に対しても、無期懲役や懲役17年などの判決が下された。無期懲役とされた少年1人に対して、小島裁判長は「死刑を選択した」としながらも「犯行時18歳未満の死刑を禁じた少年法の規定により、無期懲役に処す」と述べており、実質的には2人に対する死刑判決と言える内容だった。少年への死刑判決は、犯行当時19歳だった4人連続射殺事件の永山則夫元死刑囚（1997年8月に死刑執行）以来だった。

小島裁判長は量刑の理由について、厳しい言葉を連ねている。

「『このたばこを吸い終わるまで引っ張ろう』と話し合いながら、平然と首を絞め続けた。しかも、実行中再三にわたって被害者の生死を確認し、死亡が確認できるまで首を絞め続けて殺害しており、執拗かつ冷酷極まりない」

「犯行の動機は、遊興費欲しさと、他人に暴行脅迫を加えて快感を得ようという反社会的欲求に基づくもので、酌量の余地はない」

「殺人および死体遺棄については、犯行が発覚するのを免れるためであるが、自己の保身のためには他人の生命など全く省《かえり》みない、極めて自己中心的態度であり、酌量の余地はない」

そして、犯行当時は未成年だった中川受刑者に死刑を選択した理由について、こう述べた。

「罪責は誠に重大であり、被告人に有利な事情や、さらに可塑《かそ》性に富む少年に対する極刑の適用は特に慎重であるべきことを考慮に入れても、（中川受刑者）については死刑に処する外はない」（カッコ内は実名）

愛知県を中心としたブロック紙「中日新聞」は、判決当日の夕刊社会面で「イガグリ頭に極刑の断／主犯のおさな顔そう白／残虐指弾、少女らも髪震え」との見出しを掲げている。

記事の中では、判決におびえる中川受刑者の姿が描かれていた。文中の「A」は、中川受刑者のことを指す。

『死刑、出ますか？』と判決前、拘置所へ接見に訪れた弁護士に不安をもらしていたAの顔色が、この日午前10時50分すぎの死刑宣告でサッと変わった。肩がかすかに揺れる。開廷し、小島裁判長が刑の言い渡しを後回しにして、理由の朗読を先に述べ出したときから、極刑は予想されたとはいえ、まだあどけなさを残すその面立ちは、内心の動揺を必死におし隠しているようにも見えた。（中略）

初公判当時に比べ、ほおはげっそりとこけ、青白さを増した顔色のAは、判決の28日午前9時半入廷。赤いしまのポロシャツにジーパン姿。判決要旨の朗読中、時折、右手を目に当てたり、首を小さく左右に動かし、刑の宣告が気になる様子だった。（中略）

小島裁判長の声が『冷酷、残忍、非道』と罪を指弾するにつれ、少年たちのイガグリ頭がうなだれ、うつむき、2人の少女の長い髪が揺れた。

集団で奪い去った2つの若い命の重みを、Aら6人は判決でようやく思い知らされたのだろうか。厳しい言葉にすくむ少年たちをムチ打つように、小島裁判長の低い厳しい声が響き続けた。

凶悪犯の内面の変化

「凶悪犯」として、世間の注目を浴びた中川受刑者。だが、犯行当時から死刑判決を受けるまで、自らの「罪の意識」は薄かった。

中川受刑者の母親の君江さん（仮名）は、息子の逮捕から10日後、移送先の鑑別所へ父親とともに面会に出向いた。テーブル席で対面した中川容疑者は、まるで何事もなかったかのように笑みを浮かべたという。

「たいしたことないって感じなんです。未成年だからなんともならない、という考えがあったんでしょう。『どうしたのか？　何があったのか？』と尋ねても、ただ笑っている。ショックでした」

その印象は、別の日に面会に訪れた弟、健一さん（仮名）も同じだった。

「会ったら『（自宅の）車をきちんと整理しておいてくれ』って言うんです。すぐにでも出られると思って、正式な裁判を受けるとは思ってもいなかったんでしょう」

健一さんの言葉からは、中川受刑者が犯行当時「未成年だから厳しい刑罰を受けることはない」「すぐに釈放される」と考えていたことがうかがえる。だが、それがまったくの誤りであることを知るまでに、そう時間はかからなかった。

中川受刑者は、やがて家庭裁判所から検察への逆送致が決定され、成人と同様に裁判を受けることとなった。そのことについて説明を受けたのか、逆送致後、面会に訪れた君江さんに中川受刑者は「これから面倒かけるけど、ごめんね」と、青ざめた表情で話したという。

公判での厳しい追及。検察側の死刑求刑。そして、事件から約1年4カ月後の死刑判決。中川受刑者は、憔悴し、投げやりな態度になっていった。君江さんは振り返る。

「死刑になりそうということになっても、面会では『もう疲れた』『もう（死刑で）いい』と、そんなことばかり言っていました。だから私は、『あなたがそれでいいならいいけれど、親が先に逝くんだから、私が先に逝かせてもらうわ』と言ってやったんです」

当時の心境を、中川受刑者は関係者へ宛てた手紙の中で、こう記している。

「一審で死刑判決を受けたときの私は、ある意味でもう人生を投げていて、どうせ悪くされるのなら思いきり悪のまま死んでいくしかないと思い、生きることに対しての執着はほとんど持っていませんでした。被害者のお2人に対しても、かわいそうなことをしたという気持ちはあったものの、自分でやっておきながら、本当にまるで他人事のような気持ちしか持っていなかったことも事実です。例えて言うなら、小さな子供が何か悪いことをしていて親に見つかって怒られたから、意味もわからずただ謝るという、本当にその程度のものでした」（2006年7月1日付）

その中川受刑者は、死刑判決と前後して、自分の犯した罪と向き合い、生きることの意味を問い始める。そのきっかけは「母の存在があったから」（同）という。

君江さんは、拘置所の中川受刑者と面会を重ね、何度も話し掛けた。

「自分が死刑になれば、自分は楽になるけれど、それは本当に罪を償ったことにならない。生きていくことが、本当に罪を償うことになるんじゃないのか。それが必要なんじゃないのか」

中川受刑者は、手紙の中で「そうした母の姿から、本当の意味で被害者の方やご遺族の方のお気持ちというものを、自分なりにいろいろと考えるようになりました」（同）と記している。

君江さんは「（中川受刑者が）『がんばってみる』と話すようになり、投げやりな態度もなくなって表情も変わっていった」と振り返る。

一審判決でも、そうした中川受刑者の変化は指摘されていた。

「本件犯行後、（中川受刑者）は（共犯者の少女）と2人で殺害した2人のことに思いを致して涙を流し、さらには拘置所移監後、実母との面会の際にも涙を流すといった反省の態度も芽生えており、有利な事情も認められる」（量刑理由より。カッコ内は実名）

減刑への複雑な思い

死刑になるかもしれない。しかし、生きて償いたい。中川受刑者は、そうした思いを抱えながら6年以上にわたる控訴審に臨んだ。高裁判決直前の思いを、中川受刑者は2008年3月

5日付の手紙にこうつづっている。

「(高裁判決前は) 願わくば生きて罪の償いにつながる努力をしていくための時間を与えてほしい。(中略) そう思う一方で、もし被害者やご遺族の方と立場が逆だったらと考えた場合、自分は死刑にされても仕方ないんじゃないかと (中略) とても苦しかった」

1996年12月16日、名古屋高裁の松本光雄裁判長は一審の死刑を破棄し、中川受刑者に無期懲役の判決を言い渡した。

松本裁判長は、中川受刑者に対して「犯行の動機にくむべきものはまったく見当たらず、犯行の態様も残虐で、結果の重大性はいうまでもない。遺族の被害感情には今なお厳しいものがあるなど、極刑をもって臨むべきとの見解には相当の根拠がある」としながらも、死刑の選択を避けた。判決要旨には、その理由がこう記されている。

「しかしながら、犯行時19歳であった (中川受刑者) については、その生活歴や前歴等を検討すると、一審判決のように『犯罪性が根深い』と断定することには疑問があり、矯正の可能性が残されていること、本件が、精神的に未成熟な当時17歳から20歳の青少年による、無軌道で、場当たり的な一連の集団犯罪で、(中川受刑者) にしても、当初から被害者らの殺害を確定的に決意し、共犯者らとの深い謀議《ぼうぎ》に基づき、綿密な計画の下に実行したものではないこと、人の生命に対する畏敬の念を持たず、平然と殺害を重ねたものと評価するには若干の疑義があること、さらに、6年余りに及ぶ控訴審の公判でも、人の生命の尊さ、犯行の重大性、一審の死刑判決の重みを再認識して、反省の度を深めていることなどの事情が認められる。

以上のような諸事情を総合すると死刑が究極の刑罰であり、各裁判所が、重大事件について、死刑の適用をきわめて情状が悪い場合に限定し、その是非を厳正かつ慎重に検討している現況にかんがみれば、(中川受刑者)に対しては、矯正による罪の償いを長期にわたり続けさせる余地があり、原判決を破棄して無期懲役に処するのが相当である」(カッコ内は実名)

無期懲役の判決を受けて、君江さんは面会に駆けつけた。その姿を、中川受刑者は「目は今にも涙がこぼれ落ちてきそうな感じで真っ赤になっており、そんな母と目を合わせるのが辛かった。(中略)私が減刑になったということは、同時にこの母の命も救われたということでした」(2008年3月5日付の手紙)と記している。

「自分の命と真剣に向き合うということは、本当にとても大切なことで、自分の命の大切さを知れば、当然被害者の方の命の大切さも知ることになり、そういうことを通してすこしずつ人としての心を取り戻していくことができるようになるのだと思います」(同)

検察側は上告を断念し、1997年1月に中川受刑者の無期懲役が確定した。

娘を殺された父のすさまじい怒り

中川受刑者が被害者への手紙を書き始めたのは、一審の死刑判決後からだった。「自分の罪と向き合うには、遺族の方に謝罪の気持ちを伝えなくてはならない」。中川受刑者は、弁護士らに自らの気持ちを伝え、拘置所でペンを執《と》りはじめた。

だが、子どもの命を無残に奪われた遺族が、易々《やすやす》と謝罪の手紙を受け入れるはずがない。中川受刑者も、手紙を書くことについて「心の中を覗くことは、私にとってはある意味で怖いことでもあります」（2006年12月26日付の手紙）と、その心境を振り返る。

被害者の一人の父親、橋本行雄さん（仮名）の怒りは、当然ながらすさまじかった。死刑判決が出た日、記者会見に臨んだ橋本さんは「本当に卑劣で残虐な行為だ。娘がどれだけ恐怖におびえ、（犯人を）のろったかを思うと、僕の心の中では全員死刑だ」と声を振り絞るように語っている。さらに、死刑が破棄されて、無期懲役が言い渡された控訴審判決の日には「相手方に乗り込んで行ってやろうと思った。でもそんなこともできないし……」と、長かった裁判を振り返り、抑えきれない思いを口にしている。

控訴審判決の日、橋本さんは、こうも話している。

「人間の感情は年月とともに薄れていく。でもわたしには変わらぬ思いがある」

時が経っても癒えることのない、犯人への憎悪。その頃、中川受刑者は、判決の内容にかかわらず、生きているかぎり謝罪し続けることを記した手紙を橋本さんら遺族に送っている。

「私はもし仮にこの控訴審で控訴が棄却されて死刑判決だったとしても、生きて償うための努力をしていくという自分の生き方を変えるつもりはまったくありませんでした。

もちろん、ご遺族の方々にも判決の前にちゃんとお便りを出してそのようにお約束しましたし、自分の状況に関係なく、この自分の命のある限りは自分なりにずっと誠意を見せる努力を続けていくつもりでした」（2008年4月29日付の手紙）

中川受刑者は無期懲役が確定して岡山刑務所に収容されてから、作業賞与金（刑務作業に支払う恩恵的な給与で時給10〜数十円程度。2006年からは「作業報奨金」と呼ばれる）を積み立て、年末近くに謝罪文を添えて橋本さんら被害者の遺族に送っていた。

思いがけない手紙

2006年も暮れようとしていた12月26日。1枚の便箋に書かれた手紙が、中川受刑者の収容されている独居房に届けられた。

「今年も残り少なくなりました。

健康の様子何よりです。

私も年とともに弱くなり、昨年に続き今年は二回長期入院いたしまして、返事も出さづ失礼いたしました。

供養代はありがたく仏前に供えさせていただきます。

時々刑務所内の放送を見ることがあります。

大変だなと思いますが、罪は罪としてそれに向かって立派に生成してくれることを願っています。

寒さに向いますが、くれぐれも身体に気を付けてください」（原文のまま）

送り主には、橋本さんの名前が記されていた。作業賞与金を送ったことへの礼がつづられた返事を受け取ったとき、中川受刑者は「本当に驚き、本当にありがたかった」と、面会した関係者に話している。中川受刑者は、橋本さんに返事を書いた。

「前回はわざわざお礼のお便りを頂き、又、私にもとても温かいお言葉をかけて下さいまして、本当にありがとうございました」

そうした書き出しから、文章は便箋5枚に及んだ。

「橋本様が私の共犯者たちにことごとく裏切られているということは私も知っておりますので、

橋本様からお便りをいただいた時には本当にとてもおどろき、又、とてもありがたいという気持ちと、とても申し訳ないという思いで一杯でした」

中川受刑者の両親は、殺された2人の家族に賠償金をそれぞれ2000万円支払うことを決め、退職金やローンを利用して捻出した。だが、事件に加わったほかの5人の家族からは、賠償金の支払いはされていない。また、社会復帰した元被告人からも、遺族への謝罪は一切ないという。その現状を、中川受刑者は「裏切り」と表した。

「今年で私が事件を起こしてから丸18年が経ちますが、いくら時が経っても私の犯した罪は消えませんし、○○さんのお命を元に戻すこともできません。本当に只々、申し訳ない気持ちで一杯です」（○○は実名）

「私も共犯者たちと同様、決して強い人間ではありませんが、橋本様や○○さんのお気持ちを考えますと、現在私が生きていること自体、本当にとても申し訳なく思いますし、こうして死刑にならず生かさせてもらっている以上、これからも一生絶対に自分の犯した罪からは逃げません」（同）

繰り返される謝罪と反省の言葉。中川受刑者は、遺族へ自らの気持ちを伝えることについて、こう記している。

「大切なのは一度や二度謝ったからといってそれでもう終わりにするのではなく、たとえ裁判が終わって刑務所に来ることができたとしても、もし刑務所を出て社会復帰をすることができたとしても、繰り返し繰り返したとえ何度でも文字通り自分の一生をかけて謝罪し、償う姿勢を見せ続けていくことだと思います」（2007年10月3日付の手紙）

なぜ加害者と文通を始めたのか

2008年11月、愛知県の郊外。近くには田んぼが広がる通りの一角で、橋本さんはアパートの一室に1人で暮らしていた。事件後、住んでいた家は売却し、その後に妻は病気で亡くなった。自らも体調を崩して、入退院を繰り返した。事件の前後で、その生活は大きく変化していた。

「世の中は加害者が中心なんですよ。だって、死んだ人間はなにも言えないし、帰ってもこない。そのなかで、被害者は苦しまなくてはならない。彼（中川受刑者）以外の加害者から、謝罪などはなにもないし、そうした連中が許される社会になっているんです。この世から、本当に殺生がなくなってほしいと思いますよ」

アパートの玄関先で、ドアを半開きにしたままの立ち話だった。事件から20年。現在の心境を尋ねると、やや疲れた表情を見せながら、橋本さんは「殺生がなくなってほしい」と何度もつぶやいた。

「なにかきっかけがあって文通をはじめたわけではないんです。手紙をたくさんもらううちに、娑婆にいる人間としては、刑務所の中にいるといろいろ苦労もあるだろうし、寂しい気持ちもあるだろうから、何か声をかけてやろうと思って送ったんです。彼を許したわけでは決してない。絶対に許すことはないですよ」

中川受刑者から送られてくる作業賞与金を受け取り、返事を書いた理由を尋ねると、橋本さんはじっくりと考えるように目をつぶりながら、言葉を選ぶようにして答えた。

「(作業賞与金は) 最初は返そうかと思ったんです。けれど、一時間何十円かのカネをためたものでしょう。何度も何度も『すいません』『申し訳ありません』と書かれた手紙が添えられて、そういう気持ちで送ってきているんだと思うようになりましてね。だから、返すのもかわいそうかなと思って」

「ずっと謝ってきたし、時間もだいぶ経った。人の心もいろいろ変わります。何といったらいいのか、あくまで何も思わず、一人の人間と接する気持ちで書いています。でも、それで気持ちが平穏になるということもありません」

時折見せる苦渋の表情からは、愛する娘を奪われたことへの変わらぬ悲しみがにじみ出ていた。「逃げ出すことはできなかったのか」「なぜあんな事件が起きたのか」。そうした思いが頭をよぎらない日はないという。

「（中川受刑者に）更生してほしいとか、そうなったら私も救われるとか、そういうことを考えて手紙を書いてはいません。ただ、彼が謝っているのもわかる。それは事実でしょう。そして、娘が帰ってこないのも事実です。彼は、一度は死んだ人間。そこから、裁判で判決が決まって、刑務所の中で一生懸命がんばっている。そのことは受け止めています」

文通を始めた理由をあらためて問うと、橋本さんは「わからない」との言葉を何度か口にした。そして、しばらく考えた後に「（中川受刑者の）父親は本当に亡くなったのですか？」と尋ねてきた。中川受刑者の父は2002年、61歳で病死している。

「手紙の中に、父が死んだということを書いてあったんです。本当かどうかはわからなかったけれど、そのことが、自分の中できっかけになったのかもしれませんね。彼も、自分の子どもみたいな年齢ですから」

橋本さんは、遠くを見つめるようにして話し、こうつけ加えた。

「いろんな気持ちが起きるんです。仏と鬼の両方の気持ちを持っている。それが人間でしょう」

橋本さんは2008年1月、広島市の中国地方更生保護委員会に手紙を出している。地方更生保護委員会は、仮釈放の許可を担う組織だ。手紙は、中川受刑者の社会復帰を促す内容だった。直後に中川受刑者へ出した手紙には「君の気持ちは僕の身に突き刺さるほどよく分かりました。その気持ちを永遠に忘れることなくお願いします」と書かれていた。

生きることと償うこと

「(被害者や遺族には)とにかくお詫びの気持ちで一杯です」

「一日一日を、一生懸命過ごしています」

面会室で中川受刑者は、事件に対する反省の言葉や、日々の様子をはっきりとした言葉で伝えてきた。刑務所内の工場では、旋盤《せんばん》でトラクターや自動車の部品の加工を任され、操作や計算など他の受刑者を指導することもあるという。書道を習い始め、体力づくりのため運動時間にはランニングを欠かさない。

刑務所内での服役態度などはよく、いわゆる「模範囚」として高い優遇区分にあり、通常は30分程度とされている面会時間も60分が可能だった。また、独房内でヘッドフォンを使用してCDを聴くことも許可されたといい「本当に久々に音楽を聴きました」と話していた。

橋本さんから手紙が寄せられることに、中川受刑者は以前「ご遺族は自分が死刑になってほしかったはず。申し訳ない思いで一杯ですが、余計にがんばろうと思っています」と話していた。仮出所後の生活についても「遺族や社会にお詫びして、(社会の)役に立つようなことがしたい」としながらも「30年以上勤めないと(仮出所は)無理ですから、まだまだ先のことですね」と述べている。

岡山刑務所で仮出所となる無期懲役囚は年間1人か2人ほどで、刑務所内で生涯を閉じるケースの方が多くなっている。20代で収容された中川受刑者は、まだ仮出所の見込みが現実的に感じられるが、40代以上の場合は「刑務所が終《つい》の棲家《すみか》となるとあきらめている場合も多い」という。

岡山刑務所に収容されてから20年近くになる中川受刑者にとって、仮出所は「まだまだ先の話」と感じている。「毎日をしっかりと過ごし、反省や謝罪の気持ちを深めていくだけです」と話しながらも、中川受刑者は仮出所への希望を胸に抱きながら塀の中での日々を送っている。心の中心にあるのは、生きて罪を償うことへのこだわりだ。

その一方で、死刑執行のニュースを知るごとに「もしかしたら、自分も同じ立場になっていたかもしれない」と強く意識することがあるという。自らが起こした犯罪よりも後の事件で判決が確定した死刑囚に対し、執行が行われることも珍しくなくなった。一審で死刑判決を受けたことを思い出し、そのまま確定していたら自分も絞首台に立たされていたのではと考えることもある。

「時代が違っていたら、自分も死刑になっていたかと思います。今は(世論が)厳しいですから」と、中川受刑者はややこわばった表情で話をした。母親の君江さんも「もし、今判決を受けるとしたら、きっと生きていることはできないでしょう」と話している。

中川受刑者にとって、忘れられないのは、死刑から無期懲役に減刑されたとき、収容されていた名古屋拘置所での出来事だ。夕方のラジオ放送で、無期懲役となったニュースが伝えられると、ある階の独房から拍手が巻き起こった。ニュースを聞いた一人が拍手をすると、それに呼応するかのように、あちこちで拍手が起き、それはしばらくの間続いたという。

別の階に収容されていた中川受刑者は、その出来事を、刑務官などを通じて後日知った。さらに驚いたのは、拍手をした人たちが死刑囚（確定前の被告を含む）だったことだった。そのなかには、その後に死刑が執行されて刑場の露と消えた者もいる。

「生きたいと願いながらも生きることが許されない状況にある方々が、いったいどんな思いでこの拍手をしてくださったのかを考えると、本当に私は今でも胸が詰まる思いで一杯です」（2006年7月2日付の手紙）

面会室で、中川受刑者に「反省とは何か」と尋ねてみた。

中川受刑者は一瞬考える表情を見せた後に、こう答えた。

「反省というのは、本当に難しいと思います。実感するまでに時間がかかるんです。はじめはただ、申し訳ないと思うんです。そこからもう一つ超えるまでに時間がかかります。被害者の痛みや、命の重さがなかなか見えてこないのです。自分にとって大切な人を失うのがどういうことなのかと」

死刑判決後、母親のほか弁護人ら関係者からの支えを受けた。中川受刑者は「自分の命を大切にしてもらったことで、他人の命の尊さにも気づけたと思っています」と話した。

中川受刑者は、こうも語っている。

「ものすごい怒りなどの気持ちを持っている遺族の方と向き合って謝罪するのは、本当に苦しくて大変です。でも、自分の手で奪ってしまった被害者の方の命はもう二度と元に戻すことはできませんし、自分の命で罪を償うことができない以上、自分がしっかりとして人として立ち直り、これからも一生をかけてお詫びしていくしかありません」

面会の終わりに、どうしても聞いておきたかったことを問うてみた。自分がもし被害者の遺族だったら、とても橋本さんのようにできるとは想像できない。許せない気持ちのままではないか、と。

中川受刑者は「そうですよね」と小さく受け答えした。そして、すこしの間をおいた後「それが遺族の方の気持ちだと思っています。だからこそ、（橋本さんの）思いをしっかりと受け止めて、過ごしていきたいと思っています」と話した。

「人が人の命を奪うことがすべてなくなってほしい」。そう話した中川受刑者は、面会終了を刑務官に告げられると「がんばります」と笑顔で会釈をし、アクリル板の向こうのドアに消えていった。

「人は変わることが出来る」

面会からしばらく時間が経った2014年9月、中川受刑者から手紙が届いた。刑務所内での運動会で自分たちの工場が9年ぶりに準優勝できたこと、金属工場でNC施盤のプログラムを作製しており数学を勉強していること、作業は大変だが忍耐力や集中力が高まったことなどが書かれていた。その中に、仮出所への思いも記されている。

「生きて償う努力をしていくためには、この塀の中で一生を終わるわけにはいきません」と言う中川受刑者は、仮出所への道がどんなに厳しくても頑張っていくとし、その理由をこうつづった。

「おそらく、私の場合、他の無期囚たちと比べても、この将来の仮出所に向けた情熱は人一倍強いものがあるのではないかと思います。

それはやはり、あのとても厳しかった裁判の状況の中を生き抜くことが出来たということから来る自信と、私自身に課せられた使命として、たとえどんなに大きな罪を犯したとしても人は変わることが出来るんだということを証明する為にも、もう一度生きた社会の現実の中に戻らなければならないという、とても強い思いがあるからです。

もちろん、たとえ私が社会復帰をしたとしても、亡くなった被害者の方々のお命を元に戻すということは出来ず、犯した罪を償い切るということは出来ませんが、しかし被害者の方々のご冥福をお祈りしながらご遺族の方や社会に対して自分なりの謝罪をしていくことはいくらでも出来ると思いますし、今の私にはそれをきっちりとやっていく自信もあります。

ご遺族の方に対しては、その時々の状況に応じて慎重に対応していかなくてはいけないと思っておりますので、この今の時点で具体的なことを言うことは出来ませんが、ご遺族の方と向き合う努力を続けていけば、必ずその道は拓《ひら》けると私は信じております」（2014年9月28日付）

中川受刑者とはその後も手紙のやり取りや面会を続け、私が特派員としてインドの首都ニューデリーに赴任した後も、何度か手紙を受け取っていた。私が2020年5月に帰国し、しばらくしてから近況を伝える手紙を送ったところ、12月5日付で便箋7枚にわたる返事が届いた。

新型コロナウイルスの感染拡大について触れ「岡山県内でも今、毎日のように新規の感染者が出ているようです。しかし、ありがたいことに当所ではその後も外からのコロナの持ち込みを完全に防いでくれておりまして、1人も感染者は出ることなく、平穏な生活が続いております」と記している。

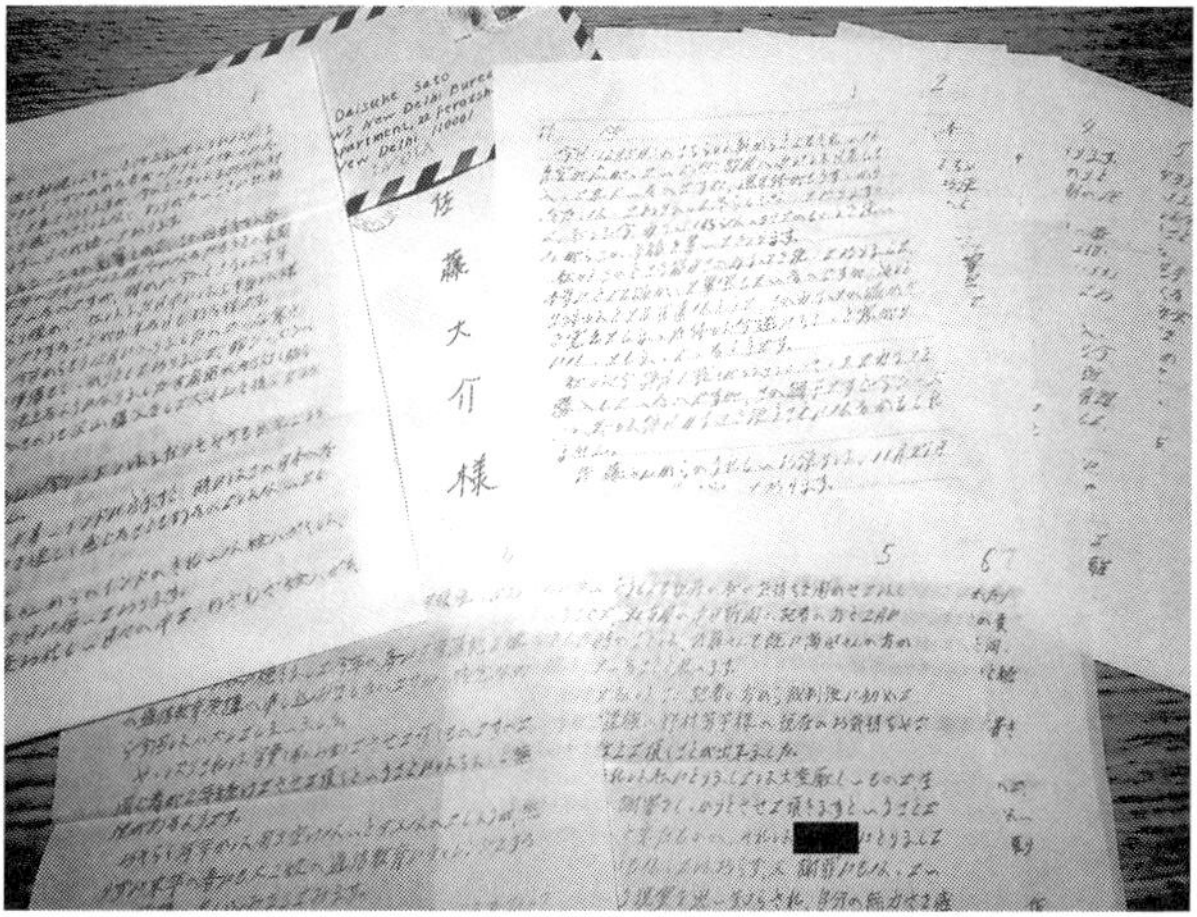

中川受刑者から届いた手紙

　また、仮釈放については、こう書きつづっている。

「昨年は当所から11名もの無期囚が仮釈放をされ、私たちに大きな希望を与えてくれました。（中略）仮釈放の審査がいい状態で継続になっている無期囚が何名かいるといううわさもありますので、この今のコロナ禍の状況が落ち着きましたらきっと又いい方向に動き出してくれると、私は期待をして見ておりますところです。

　因《ちな》みに、私が知っております限りでは今年は前半に3名の無期囚が当所から仮釈放されております。また、私自身も一気に先を目指すのではなく、この今日という一日を一生懸命に生きることでしっかりと前に進む努力を頑張って続けていきたいと思います」

2021年5月、岡山刑務所を訪れて中川受刑者と面会した。顔を見るのは約6年ぶりだが、顔色もよく健康そうだった。面会室の椅子に座ると「コロナで母親もこちらに来られなくなり、面会は1年ぶりくらいです」と笑顔を見せた。面会室のアクリル板は、コロナ対策のため小さい穴は閉じられ、代わりにマイクを通してお互いの声が聞こえる仕組みになっていた。

岡山刑務所での暮らしは、もう24年以上になる。現在も金属工場でNC施盤のプログラムを担当し「毎日が忙しく、時間がとても速く過ぎていくように感じる」という。お互いの近況などを話した後、仮釈放への思いを聞いてみた。

「将来は仮釈放となって社会復帰したいという思いはありますが、まだまだ先のことです」。仮釈放の動きには敏感なはずだが、それを表情に出すことはなく、その口ぶりはあくまで冷静だ。そして、こう続けた。

「今は、犯した罪に向き合いながら、生かされた日々を一生懸命に過ごしています。命のある限り、償い続けていきたいと思っています」

3　被害者遺族と死刑

死刑を望む遺族、望まない遺族

日本での死刑判決は、誰かの生命を奪ったことによって下されている。刑法上は「内乱罪」(国の統治機構を破壊し、統治の基本秩序を壊乱《かいらん》することを目的として暴動をする犯罪)や「外患誘致罪」(外国と通謀《つうぼう》して日本に対し武力を行使させたり、日本に対して外国から武力の行使があったときに加担するなど軍事上の利益を与える犯罪)といった、殺人を伴わなくても死刑になりうる犯罪もあるが、適用事例はない。死刑事件には、いずれも命を奪われた被害者がおり、その被害者の多くには家族や親類などの遺族がいる。

被害者遺族は、加害者からの損害賠償を受けられないことが多く、また、事件に関する情報提供など、その権利が十分に保障されているとはいえない状態が続いていた。しかし、1981年から始まった犯罪被害給付制度で遺族給付金が支給されるなど、経済的支援が行われるようになった。また、2000年に入って行われた刑事訴訟法の改正や刑事手続に関する措置法の制定によって、被害者遺族などにも訴訟記録の閲覧・謄写《とうしゃ》や意見陳述の機会が保障されるようになった。このように、現在ではさまざまなかたちで遺族に対する支援が行われている。

もっとも、その支援が十分かどうかは、大いに議論の余地がある。「被害者遺族」といっても、その置かれた状況や考え方はさまざまで、個々のケースに応じたきめ細かい対応が国や自治体などには求められている。だが、その一方で、刑事事件の裁判では被告人に極刑を求める被害者遺族の声がクローズアップされ、世論も「加害者を死刑にしなくては、被害者の遺族感情が満たされないのではないか」といった声が高まるなど、被害者遺族を単一化したかたちでとらえることが多い。

事件によって家族や肉親の命が奪われた被害者遺族にとって、加害者への怒りは当たり前の感情だ。家族が殺されたら「犯人は死をもって償うべき」と考える人がいても、それは当然だろう。しかし、それがすべてではない。被害者遺族ではない立場から、被害者遺族のイメージを作り上げてしまうと、実像から大きく逸れてしまう場合もある。

「命をもって謝罪して欲しい」

2014年12月20日、早稲田大学の大教室で「日本の死刑について」と題されたシンポジウムが開かれた。ゲストスピーカーとして招かれた人のなかには「全国犯罪被害者の会」（あすの会）の副代表幹事を務めていた高橋正人弁護士と、弟を殺害された原田正治《まさはる》さんの姿があった。

2人は、被害者遺族に関する発言を行っていることでは共通しているが、その立ち位置には違いがある。

あすの会は、2000年1月23日、山一證券（当時）の顧客との紛争処理中、この顧客によって妻を殺害された岡村勲《いさお》弁護士らが中心となって設立した組織だ。犯罪被害者の権利の確立を目指し、政府への陳情や全国での署名活動を行い、犯罪被害者等基本法や、刑事裁判に対する被害者参加制度の実現の推進役を果たした。その後、所期の目的を果たしたことや会員の高齢化などを理由に、2018年6月3日をもって解散している。

死刑制度については、2014年1月25日に開かれた大会決議で「死刑制度は、犯罪被害者を含む国民の圧倒的多数が支持しており、今後も存続すべきである」としたうえで、その理由をこう説明している。

「死刑にしても被害者が生き返るわけではないから、生かして償わせた方が良いと言って死刑を廃止すべきだという論者がいる。しかし、被害者を生き返らせる方法がないから、命をもって謝罪して欲しいというのが、被害者遺族の心情でもあるから廃止する理由にならない。死刑は残虐だという人もいるが、残虐の限りを尽くして殺害した加害者のことは不問にして死刑は残虐だというのでは公平ではない」

「故意に死を招いた者は死をもって償うべきだという道徳観は定着している。人の価値は平等だといって廃止を唱える向きもあるが、人の価値が平等なら、理由もなく人の命を奪った者に対してこそ死刑にしなければ、不平等である。死刑は国家による殺人だと非難する人もいるが、罪のない人を大量に殺戮《さつりく》する戦争を認めておきながら、少数の重罪犯に対する正当な処遇である死刑を否定するというのでは説得力がない。

誤判の虞《おそ》れがあるから廃止すべきという意見もあるが、全ての殺人事件で誤判の虞れがあるわけではなく、また、誤判は、疑わしきは罰せずとの原則を貫くことで避けることができる。

一方、仮釈放を認めない絶対的終身刑を導入して対応すれば十分だとの意見もあるが、被害者は自ら支払う税金で殺人者を養っているのを腹立たしく思っており、納得できるものではない」

あすの会は、被害者遺族の声として、死刑制度の必要性を強調していた。高橋弁護士は、そうしたことを集まった人たちに訴えた。一方、原田さんは、被害者遺族でありながらも、死刑制度に反対する立場をとっている。そうした考えを、原田さんは著作や講演などを通して広く訴えてきた。

保険金目当てで奪われた弟の命

1983年1月24日、4人きょうだいの長男だった原田さんは、運送会社に勤務していた一番下の弟が「交通事故で亡くなった」との連絡を受ける。それから1年3カ月が経過した1984年5月、実は交通事故に見せかけた保険金殺人だったことがわかり、警察が3人を逮捕した。

3人は弟が勤務していた運送会社の社長や同僚たちで、多額の借金の返済に困り、弟に生命保険をかけて事故に見せかけて殺害し、保険金を手にしていたのだった。捜査の結果、3人は原田さんの弟を含む3人を殺害していたことが判明する。名古屋地裁は1985年12月、殺人などで起訴された3人の被告人のうち、2人に死刑判決を言い渡した。

「社長は何食わぬ顔をして、弟の通夜や葬儀に参列しました。事故現場には、何度も母を案内してくれました。そんなことを思うと憎しみが増すばかりでした。許されるものであれば殺してやりたい。一日も早く死刑執行をと思っていました。

公判には毎回傍聴に行ったんです。被告人が入ってきますとね、もう弁護人の声や検察の人の意見なんかは頭になく、この柵がなければこの手で殺してやりたいと思うほどでした。公判でも、迷うことなく『極刑は当然です』と証言しています。死刑判決は当然のことと思いました。私自身が、これで安心したということですね。弟を殺害したうえに、私たちをだましていたという憎しみの気持ちを、私は持っていましたから」

公判は平日に行われるため、原田さんは会社を休んで通ったが、会社からは疎《うと》んじられ退職した。事件によって人生が狂わされたと思った。そうしたなか、3人の被告人のうち社長を務めていた長谷川敏彦元死刑囚から、原田さんのもとに何度も手紙が送られてきた。

その数は百数十通に達していた。最初は読まずに捨てていた原田さんだが、あるとき、ふと好奇心がわいて読んだのをきっかけに目を通し始め、返事も書くようになった。そうしたなかで長谷川元死刑囚の弁護人や支援者とも交流を持つようになり、いつしか「本人と話をしてみたい」という気持ちをもつようになった。

「長谷川君からの手紙には必ず『ごめんなさい』『申し訳ない』という言葉がつづってあるんですけど、直接言ってほしいわけです。面会して、直接その言葉を聞きたいわけです。心を開いて話をしたい。本当のことを知りたい」。原田さんは、当時の思いをこう語っている。

犯人との面会と気持ちの変化

原田さんは1993年8月、名古屋拘置所に収容されていた長谷川元死刑囚のもとへ面会に訪れた。当時、死刑は確定しておらず、面会の制限はなかった。憎しみや怒りが薄れたわけではなく、むしろ持って行き場のない憎しみや怒りを直接ぶつけたい気持ちが強かった。しかし面会に来てくれたことを素直に喜ぶ長谷川元死刑囚の表情に、肩の力が抜けたという。

「裁判ではわからなかったいろいろなことが彼から聞けると思ったし、謝罪も直接受けたかった。手紙には、いつも謝罪の言葉が書かれていましたが、やっぱり顔を合わせながら謝罪を受けるというのが一番いいと思いました。長谷川君からは何百通も手紙をもらいましたが、それでも20分の面会にはかないません。表情や話し方、仕草などからいろいろなことを感じ取れるのです。

長谷川君を許したわけではありません。情が移ったからと許せるほど簡単な話ではないのです。ただ、彼が本当に謝罪の気持ちをもっているということは感じられました。私自身も、直接謝罪の言葉を聞くことで、誰のどんな慰めよりも癒されていくように思ったのです。長い間、孤独のなかで苦しみ続けてきた僕の気持ちを真正面から受け止めてくれる存在は長谷川君だけだと感じたのです」

面会で長谷川元死刑囚は「これで死ねます」と言った。キリスト教徒となり、真人間にしようと尽力する弁護人や幼なじみに支えられ、贖罪《しょくざい》以外考えていないのがわかった。原田さんは、迷いながらも翌月に長谷川元死刑囚の減刑嘆願書を書いた。その直後に、最高裁で長谷川元死刑囚の刑が確定した。

確定後は、原則として親族と弁護人しか面会を許されないが、原田さんは特例として3回面会した。死刑確定後、長谷川元死刑囚の20歳になる息子が自殺し、ショックを受けた彼を慰めたこともあった。しかし、1995年からは名古屋拘置所は面会を不許可とした。その後も原田さんは、弁護人などを通じて長谷川元死刑囚との交流を続け、死刑を執行しないよう訴えてきた。名古屋拘置所長に宛てた上申書に、原田さんはこう記した。

「死刑をもって処理をすることについては、被害者遺族の一人として、決して望むものではありません。生きているからこそ、そこから形はどうあれ、謝罪が生まれ、償いの気持ちも生ずることができるのではないでしょうか。

私どものほかにもたくさん犯罪被害に遭遇された方がいらっしゃいますが、そんな方々のすべてが死刑を望んでいるとも限らないと思っています。この事件で、私ども被害者遺族としては心の奥底に刻み込まれた傷は一生消えることはないと思います。また、決して忘れてはいけないとも思っています。だからこそ、『死刑』ということで、この事件を解決し、終わらせたくはありません」

共犯者は1998年11月に死刑執行された。通常、同じ事件で死刑判決を受けた場合、執行は同時になされるが、長谷川元死刑囚にはなされなかった。しかし、いつ死刑執行があるかわからない。原田さんは2001年4月、高村正彦法相と面会し、被害者として死刑は望まないことを訴え、上申書も手渡した。だが、その年の12月27日、長谷川元死刑囚に刑が執行された。

死刑が執行されてもされなくても、原田さんの苦しみが消えることはなかった。原田さんは、長谷川元死刑囚への死刑執行について、こう話している。

「死刑になって弟が生き返るわけでもありません。長谷川君がしたことへの怒りもなくなることはありません。『被害者感情』とは、そんな単純なものではないのです」

遺族は応報としての死刑を望んでいる？

一方、原田さんの発言を踏まえて、高橋弁護士は抑えていた気持ちをぶつけるように「被害に遭っていない人に、被害を受けた人の気持ちはわからない」と語気を強めた。そして、あすの会に所属していた被害者遺族の声を紹介した。80歳になる女性で、息子を集団暴行で殺されたという。

「全然知らない男たちが、突然顔面や腹部を何回も足蹴にして、金を奪ったんです。丸太ん棒で50〜60回殴って殺し、盗んだ金でレストランに行って飲み食いしたと。警察署で息子の遺体と対面したら、オバケのような、怪獣のような顔になっていました。

顔と言っても包帯でぐるぐる巻きになっていて、顔がないと言ってもいいくらいだったけれど、息子とすぐわかりました。我が子ですから。警察署で刑事は、何件も殺人事件を見てきたがこんなひどいものはないと言いました。息子の最期の顔を焼きつけて、（犯人を）ぶっ殺してやると思いました。犯人の母親は、自分の息子の正体をきちんと見てほしい」

圧倒するような語り口に、会場は静まりかえった。

さらに、高橋弁護士は続けた。

「刑法の本を読んで、まずはなんて書いているか。応報なんです。復讐してやりたいというのが犯罪被害者の遺族です。でも、それはできないから、国家にその無念を晴らしてもらいたいと思っている。

生きて償わせればいいという意見もあります。でも、真人間になっても殺された息子は帰ってこない。だから死んで償ってくれと思うのです。その応報の気持ちが忘れられてしまっている。更生はいいことだけど、それは被害に遭っていないわれわれには関係ないのです。更生しようが関係ない。だから、死んで償ってくれと。法治国家だから死刑はあるべきなんです」

これに対し、原田さんは自らの体験を基に、被害者遺族が応報としての死刑を望んでいるという主張に反駁《はんばく》を試みた。

「命を取られたら命をもって償ってもらう。それは犯罪の抑制につながりません。応報というかたちで命を奪っても、それは被害者にとっても加害者にとっても癒しにはなりません」

「みなさん、私の弟などが殺された事件を、いま覚えていますか？ 当時はずいぶんと騒がれましたが、時間がたつと何事もなかったように忘れられていきます。死刑は抑止力にならないし、時間がたてば忘れ去られていくんです」

しかし、高橋弁護士は主張を変えることはなかった。

「自分の娘を強姦して殺した犯人に、自分の娘の成仏を祈ってほしいと思う遺族がいるでしょうか。親族や友人に冥福を祈ってほしいというのはあるでしょうが、なぜ犯人にそれを求める必要があるのでしょうか。被害者遺族の気持ちは、私のように幸いにも被害に遭っていない人間にはわからないのです。理屈だけで考えると、失敗します。きれい事で済ませてはいけません。社会の秩序を維持するために死刑を執行すべきなんです」

そう強調した後に、突き放すようにこう述べた。

「(加害者と)面会しようとする人は、あすの会には誰もいません」

死刑を願う生き方しか許されないのか

原田さんは、自身のブログに「死刑を願う気持ちは偏見である」とのタイトルで、文中にこう記している。

「街頭で死刑反対の発言していると、『被害者感情を考えたことがあるのか！』と云って来る人がいる。被害者には、犯人の死刑を願うような生き方しか許されないのだろうか。『肉親を殺した相手をなぜ君付けで呼ぶのか？』と聞かれたこともある。(中略)『被害者の思い』を勝手に推し量って『だから重罰化に賛成です』と同情されるより、『個々の被害者はどう思っているのか』と耳を傾けてくれる方が、私は嬉しい」

事件が起きる度にクローズアップされる被害を受けた本人や遺族たちの「被害者感情」。それが司法に反映される大きな契機となったのが、1997年11月に起きた片山隼《しゅん》君事件だとされている。

事件の概要はこのようなものだ。11月28日午前7時40分ころ、登校途中だった当時小学校2年生の片山隼君が、過積載の大型ダンプカーにひかれて死亡したのだ。渋滞中、ダンプカーの運転手は横断歩道をふさぐようなかたちで停車し、前のクルマが発進したので漫然と自分も発進し、隼君をひいたのだった。隼君が渡っていた横断歩道は、信号が青だった。

1998年1月、遺族は裁判の開始時期や被疑者のことを知るため、東京地検に足を運んだが、担当者は「処分は下りています。不起訴です」「理由をお答えする義務はありません」と冷たく言い放った。

一連の対応は報道で表面化して、国会でも取り上げられ、法相が陳謝する事態になった。検察は再捜査で運転手を業務上過失致死罪で起訴し、執行猶予付きの有罪判決が確定している。また事件は、検察が処分結果や公判期日を知らせる「通知制度」を始めるなど、犯罪被害者への対応を見直していく大きな契機となった。

2000年には「犯罪被害者等の保護を図るための刑事手続に付随する措置に関する法律」が、2004年には「犯罪被害者等基本法」が制定された。そして、2007年には刑事訴訟法に刑事手続への被害者参加に関する条文が追加されるなど、犯罪被害者の視点に立った施策が講じられるようになった。

被害者支援の道を拓くことになった隼君の父親の片山徒有《ただあり》さんは、「被害者と司法を考える会」代表などを務め、被害者の支援活動に取り組む一方、刑務所を訪れて受刑者との交流も重ねてきた。そうした経験を通じて、厳罰化を求める世論や死刑制度には疑問を抱いている。

「被害者遺族の感情とは激烈なものです。家族を殺されて喜ぶ人なんて、誰もいません。なんでこんなことになったんだろうと怒り狂うのは当然です。裁判まではそういった感情が高ぶるし、検察官もそうした感情をうまく利用している面があります。でも、死刑を考えてみると、判決から執行までには時間があり、被害者遺族の感情も変化するはずです。当初の被害者感情をベースにして、一人の人間を殺してしまっていいのでしょうか」

遺族感情をあおる風潮への違和感

言葉を選ぶような話しぶりは常に冷静で、決して感情的にはならない。「殺人の被害者遺族と交通事故の遺族では、立場が違うかもしれない」と話しながらも、家族の命を突然奪われた悲しみや怒りを同じ被害者遺族として共有し、手を差し伸べたいと思っている。それだけに、被害者遺族の感情や不安をいたずらにあおり立てる風潮には違和感を覚えているという。

「被害者遺族もやがて普通の生活に戻っていきます。感情的な言葉をぶつけるだけの極端なイメージを持たれるのが一番つらい。失った命がかえらないのは、厳然とした事実です。さらなる被害者を出さないためにはどうしたらいいかを考えるしかないのです」

「被害者支援の基本は、相手に寄り添って、話を聞くことです。言葉を受け止めることが必要で、相手の感情を増幅してはいけません。不安をあおられれば怒りは倍増します。被害者が事件直後からきちんと支援されれば、社会や加害者への怒りの感情は薄まっていくのではないでしょうか」

死刑制度について、片山さんは反対の意見だ。

「被害者も、被害を出してしまった人も、それぞれにいろんな生い立ちがあります。被害に遭うために生きてきたのではないし、犯罪者になるために生きてきたのでもありません。事件が起きて命がなくなったら、別の命もなくなる社会でいいのでしょうか。犯罪者を社会から抹殺するよりも、更生を信じたいのです」

片山さんは、決して「加害者」という言葉を使わず「被害を出してしまった人」と表現する。

「ちょっとした人生のボタンの掛け違いから、人は罪を犯してしまいます。『加害者』という言葉は、そうした背景を見つめる眼を奪ってしまう」というのが、その理由だ。

厳罰を望まないことで浴びたバッシング

片山さんは、受刑者たちに自分の経験を話すとき、加害者への怒りは口にしない。犯罪によって、加害者を含めてどれだけ多くの人が不幸になるかを伝えている。刑務所の中で反省を深める機会を得たのだから、同じ過ちを繰り返さないようにしてほしいと切に願っている。

「罪を犯した人も立ち直り、困難を乗り越えていくことはできます。一度失敗したらおしまいではない。本当に事件と向き合い、繰り返さないと誓った人には、社会の応援が必要です」

だが、こうした姿勢には、一時所属していたあすの会などから強い批判が浴びせられた。とりわけ、死刑制度に対する考え方には大きな隔たりがあった。

「隼の事件は死刑対象事件ではないのですが、死刑制度について『新たな命を奪うことは被害者を増やすことになる。死刑は国家による殺人ではないか』と発言しました。それに対して『被害者なのに死刑に反対するとは何ごとか』『お前は被害者ではない』と猛烈な非難を受けました。

しかし、被害者はみな加害者への厳罰を望んでいると思われがちですが、決してそうとは限りません。同じ被害者を出さないことが、一番の望みなのです。『被害者は厳罰を望んでいる』と周囲が決めつけるのは、被害者家族にとって大きな負担になるのです」

片山さんの語り口は常に冷静さを失わない。検察官から「あなたには感情がないのか」と揶《や》揄《ゆ》されたこともある。その理由を「行き過ぎた感情論に走ることを、隼は望んでいません。悲しいことがあったからといって、相手に対して自分がされて嫌なことはしてはいけないと思うのです」と話す。

一度だけ、息子をひいたトラックの運転手と会ったが「モンスターかと思ったら、細くて弱々しい感じの人だった」という印象で、それから考えることをやめたという。

だが、大切な息子を一瞬にして奪った相手に、憎しみを抱くことは本当にないのだろうか。そう問いかけると、片山さんは噛みしめるように言葉を紡いだ。

「相手（加害者）のことを考えるなら、ほかの人を支援することを考えた方が建設的です。自分にとっても励みになります。隼と同じような年齢の子どもの姿を見ると、今でも自分が悪かったと思います。私は親として子どもを育てきれなかったからです。それだけに、いろいろな人の成長を手助けしたいとの思いが強いのでしょう。私の活動は、自分自身の立ち直りのためでもあるのです」

Ⅲ　死刑の行方

1　絞首刑は残虐か

「残虐性なし」の根拠は1928年の論文

日本が死刑執行の方法として採用しているのは絞首刑だ。刑法11条には「死刑は、刑事施設内において、絞首して執行する」と記されている。だが、絞首刑は憲法で禁じられた「残虐な刑罰」にあたるのではないかとし、見直しを求める声は専門家のなかにも根強い。憲法36条には「公務員による拷問及び残虐な刑罰は、絶対にこれを禁ずる」と明記されており、この解釈が、絞首刑が違憲であるかどうかが争われる裁判でのカギとなっていた。

日本では、1948年と1955年に最高裁が絞首刑は残虐な刑罰にあたらないとの判決を下し、絞首刑による死刑が合憲であるとの根拠となっている。

1948年の最高裁判決では、死刑制度そのものが「直ちに同条（憲法36条）にいわゆる残虐な刑罰に該当するとは考えられない」としたうえで、「ただ死刑といえども、他の刑罰の場合におけると同様に、その執行の方法等がその時代と環境とにおいて人道上の見地から一般に残虐性を有するものと認められる場合には、勿論これを残虐な刑罰といわねばならぬ」とした。

判決はさらに具体例に言及し「将来若《も》し死刑について火あぶり、はりつけ、さらし首、釜ゆでの刑のごとき残虐な執行方法を定める法律が制定されたとするならば、その法律こそは、まさに憲法36条に違反するものというべきである」としている。つまり、憲法が禁止した「残虐な刑罰」は「火あぶり、はりつけ、さらし首、釜ゆでの刑」などであり、これらと比較して絞首刑は不必要に精神的・肉体的な苦痛を与えるものではないと判断しているのだ。

さらに、1955年の最高裁判決では「現在各国において採用している死刑執行方法は、絞殺、斬殺、銃殺、電気殺、瓦斯《ガス》殺等であるが、これらの比較考量において一長一短の批判があるけれども、現在わが国の採用している絞首方法が他の方法に比して特に人道上残虐であるとする理由は認められない」とし、同様に絞首刑の残虐性を否定している。

では、絞首刑の残虐性を、どういった根拠で否定したのだろうか。その手がかりとなる専門家の鑑定結果がある。

この判決が出される前の1952年と1953年、強盗殺人事件の控訴審でやはり死刑が憲法36条違反であるとの主張がなされ、東京高裁は3人の鑑定人を採用した。なかでも、その具体性から注目を集めたのが、法医学者の古畑種基《たねもと》博士による鑑定結果だった。

古畑博士は、1928年に執筆されたシュワルツアッヘル博士（ウィーン大学法医学教授）の論文を引用して、「頸《けい》部に索条をかけて、体重をもって懸垂《けんすい》すると（中略）左右頸動脈と両椎《つい》骨動脈を完全に圧塞《あっさく》することができる」と指摘している。縊《い》死を試みた者や絞首された者は

「体重が頸部に作用した瞬間に人事不省に陥り全く意識を失う。それ故に定型的縊死は最も苦痛のない安楽な死に方であるということは、法医学上の常識となっているのである」とした。そのうえで、死刑囚への苦痛が少ない執行方法は「青酸ガスによる方法と縊死による方法」と断じている。

この鑑定が、1955年の最高裁判決に大きく影響したことは間違いないだろう。しかし、現在の法医学の水準から見て、当時の鑑定結果がどれだけ妥当性を持っているかは疑問の余地がある。ここで引用されている論文は、今から100年近く前に書かれたものだ。果たして、絞首刑は本当に「苦痛が少なく」「残虐性のない執行方法」と言えるのだろうか。

絞首刑の再現実験では頭部が切断

踏み台が開き、首にロープを巻かれた人形が落下して宙づりになった直後、人形の首から上の部分が切り離された。人形とはいえ、ショッキングな映像に、見つめていた裁判員のなかには、思わず手で口元を押さえる人もいた。

2011年10月11日、大阪地裁。2009年7月に大阪市此花《このはな》区でパチンコ店が放火されて客と従業員の計5人が死亡し、殺人などの罪に問われた高見素直被告（当時）の裁判員裁判で、人形を使った絞首刑の再現実験で頭部が切断される様子を収録した英国の番組が上映された。

この日は、死刑の違憲性が審理されており、映像は弁護側の求めによって上映された。さらに、オーストリアの法医学者、ヴァルテル・ラブル博士が弁護側証人として出廷し、「ロープの長さや体重などの要素で、身体が傷つく可能性がある」と証言した。

絞首刑に関する古畑博士の鑑定結果も「正しくない」とし、首が切断されたり、長時間苦しみながら死亡したりすることも考えられると指摘している。また、絞首刑における死因は、頸動脈の圧迫による脳の酸欠や窒息だけでなく、まれに首の骨折や神経の損傷による心停止もあると説明し「何が起こるか予想はつかない」と証言した。

裁判では、死刑の違憲性が争点の一つとなり、裁判員裁判としては審理期間が60日間と異例の長さになっていた。死刑の違憲性審理について、大阪地裁は「憲法判断は裁判官がするが、裁判員の審理参加は任意とする」と決定し、裁判員6人中4人が審理すべてに参加していた。死刑の違憲性をめぐる形式的な審理ではなく、裁判員が参加し、実質的な審理を伴う裁判として注目されていた。

元検察幹部の主張「残虐な刑罰にあたる」

弁護側は証人としてラブル博士のほか、もう1人の専門家を呼んでいた。元最高検検事の土本武司・筑波大名誉教授だ。土本氏は、死刑制度そのものは存置すべきとの立場をとっている。

だが、東京高検検事として死刑執行に立ち会った経験から、絞首刑は「むごたらしく、正視に堪えない残虐な刑だ」と述べ、憲法36条で禁じられた「残虐な刑罰」にあたるとの主張を展開した。

土本氏は翌12日の公判で、当時の手記を参考にしながら「踏み板が外れる音がした後、死刑囚の首にはロープが食い込み、宙づりになっていた。医務官らが死刑囚の脈などを確かめ『絶息しました』と告げていた」と、自らが立ち会った死刑執行の模様を振り返った。さらに、こう証言を続けている。

「少し前まで呼吸し体温があった人間が、後ろ手錠をされて両脚をひざで縛られ、踏み板が外れると同時に自分の体重で落下し、首を基点にしてユラユラと揺れていた。あれを見てむごたらしいと思わない人は、正常な感覚ではない」

さらに、死刑を合憲とした1955年の最高裁判決についても「当時妥当性があったとしても、今日なおも妥当性を持つとの判断は早計に過ぎる」と、否定的な見解を述べている。

閉廷後の記者会見では、検事時代に死刑囚の男性と文通したエピソードも紹介した。

「交流を続けるうちに彼の心が清らかな状態に変わった。果たして、強制的に命を剝奪していいのかと考えた」

「人間は変わりうるもので、それに対応できる法制度が検討されるべきだ」

土本氏は、こう振り返っている。

証言の後、土本氏は新聞紙上に「私が絞首刑に疑念を呈した理由」との文章を寄せている（2011年11月9日付、産経新聞）。そこでは、死刑を合憲とした最高裁判決を踏まえて「絞首刑のどこに残虐性があるのか、三点から科学的、具体的に検討してみる必要がある」として、以下のように記している。

第一に、絞首刑は受刑者に不必要な肉体的、精神的苦痛を与えることにならないかという点だ。かつては、絞縄《こうじょう》を回した頸部に体重が作用した瞬間、受刑者は人事不省に陥って意識を喪失し、苦痛を感じないと説かれていたが、近時の法医学は、それは誤りであると証明している。絞縄を「適切」な位置に置いても、落下時の衝撃で「不適切」な位置に移動することがあって、「死ぬに死ねないで苦しむ」という状態が生じ得る。

第二に、不必要に受刑者の身体を損傷しはしないか、である。踏み板が開いて落下するとき、頭部が離断したりする。絞縄が伸びきるまでに落下したときの衝撃は、絞縄がかかる首に集中する。外観は損傷がなくても、頸部の内部臓器が破壊されている例が少なくない。受刑者ごとに、頸部離断という事態の発生の有無を事前に予見することは不可能なのである。

第三に、一般人に惨《むご》たらしいとの心情を抱かせはしないか、だ。受刑者に肉体的苦痛を与えないようにするだけなら、ギロチンのような、瞬時に首が切断される方法の方がましだろう。しかし、道義的、文化的な視点からも配慮しなければならない。現行の絞首刑方式は、死者の名誉を含め人間の尊厳を害する要素が少なくない。

総合すると、絞首刑は限りなく「残虐」に近いものだと言わざるを得ない。憲法36条は残虐な刑罰を「絶対」に禁じている。例外のない、程度の差を問わない趣旨として理解しなければならない。

踏襲された判断

大阪地裁での公判は、2011年10月31日に和田真裁判長が高見被告への死刑判決を言い渡した。「身勝手極まりない動機で、多数の死傷者を出したという凶悪重大な犯行」「死刑をもって臨むしかない」。高見被告の犯行が厳しく断罪されるなか、判決は絞首刑が違憲かどうかという点についても、これまでの判例と同じく合憲と判断した。

判決では、ラブル博士や土本氏の見解のほか、裁判員の意見を聴いたうえで、絞首刑は意識喪失までに最低でも5~8秒、首の絞まり方によっては2分以上かかり、その間、受刑者が苦痛を感じ続ける可能性があるとの事実関係を認めている。

だが、それでも「残虐な刑罰」にあたらない理由として、判決では「受刑者の意に反して、その生命を奪い、罪を償わせる制度であり、ある程度のむごたらしさを伴うことは避けがたい」と述べている。死刑制度の持つ本質的な要素について、これほど凝縮して書き示した文章はないだろう。判決では、絞首刑が残虐な刑罰ではないとの結論を、こう導き出している。
「絞首刑が死刑の執行方法の中で最善のものと言えるかは議論のあるところだが、死刑に処せられる者は、それに値する罪を犯した者で、執行に伴う多少の精神的・肉体的苦痛は当然甘受すべきである。確かに絞首刑には前近代的なところがあり、死亡するまでに予測不可能な点があるが、だからといって残虐な刑罰に当たるとはいえず、憲法に違反しない」(要旨)
高見被告の弁護を務めた後藤貞人《さだと》弁護士は、死刑判決を下し、絞首刑も合憲とした一審の判断に不満を示しながらも、判決の内容については「残虐性を認めている。絞首刑で、人は速やかには死なないというのを、首がちぎれる可能性があるというところを認めたわけです。誰も反論する人はいなかったんですから」とも話している。同時に、違憲かどうかの審理が尽くされていないことへの悔しさもにじませた。
高見被告側は判決を不服として控訴したが、大阪高裁の中谷雄二郎裁判長は2013年7月31日、控訴を棄却した。裁判はさらに上告手続きがとられ、最高裁で争われたが、2016年2月に上告が棄却され、高見被告の死刑が確定している。

執行方法の法律は明治6年のもの

一、二審とも、被告人に死刑が下され、絞首刑の残虐性も否定された大阪パチンコ店放火殺人事件の判決だが、二審の大阪高裁判決には注目すべき指摘が盛り込まれていた。

控訴審で弁護側は、ある主張を追加していた。それは、絞首刑に関して「国会が100年以上も死刑の執行方法に関する法整備を怠っている状態は憲法違反で、法律が存在しないのに等しい」と主張し、立法の不作為であるとして、あらためて憲法論争を挑んだのだった。

大阪高裁は控訴審判決で、絞首刑の残虐性について「縄が適切に調整されれば苦痛は短時間にとどまり、残虐と評価できるほど危険性が高いとはいえない」とし、一審と同じく合憲と判断した。だが、立法の不作為については、弁護側の主張に沿う異例の言及をしたのだった。

「執行方法について140年も法整備をせず放置し続けるのは、立法政策として決して望ましくない」

控訴審判決の内容は、死刑の執行方法について国民的合意を得るよう、政府に議論を促すものだった。

弁護側が「100年以上も死刑の執行方法に関する法整備を怠っている」と主張し、控訴審判決でも「140年も法整備をせず放置し続けている」としたもととなる法律とは何だろうか。

それは、明治6(1873)年2月20日に出された「太政官《だじょうかん》布告第65号」のことを指している。

「太政官」や「布告」という、いかにも前近代的な響きのとおり、明治18（１８８５）年に日本で内閣制度ができる以前の制度で、太政官は明治元（１８６８）年に設置された最高行政機関のことを指す。太政官は立法・行政・司法の機能を備えており、そこから出された法令を「太政官布告」と呼ぶ。

明治憲法制定前の１８７３年に出された「太政官布告第65号」には絞首刑の執行方法に関する記述がある。驚くべきことに、刑法11条で定められた「死刑は、刑事施設内において、絞首して執行する」との法令上の根拠は、この太政官布告にあるのだ。

太政官布告第65号には、首に縄をかけられた死刑囚の体が踏み板から落下し、吊された状態となって死に至らしめるという、現在と同じ原理の死刑執行方式が記され、「絞罪器械図式」としてイラストも掲載されている。カタカナ交じりでやや読みづらいが、そこに書かれた執行方式は次のようなものだ。

本図死囚二人ヲ絞ス可《べ》キ装構ナリト雖《いえど》モ其《その》三人以上ノ処刑ニ用ルモ亦之《またこれ》ニ模倣シテ作リ渋墨ヲ以テ全ク塗ル可シ

凡絞刑ヲ行フニハ先《ま》ツ両手ヲ背ニ縛シ紙ニテ面ヲ掩《おほ》ヒ引テ絞架ニ登セ踏板上ニ立シメ次ニ両足ヲ縛シ次ニ絞縄ヲ首領ニ施シ其咽喉ニ当ラシメ縄ヲ穿ツトコロノ鉄鐶ヲ頂後ニ及ホ

シ之ヲ緊縮ス次ニ機車ノ柄ヲ挽ケハ踏板忽チ開落シテ囚身地ヲ離ル／凡一尺空ニ懸ル凡《およそ》二分時死相ヲ験シテ解下ス

太政官布告第65号「絞罪器械図式」

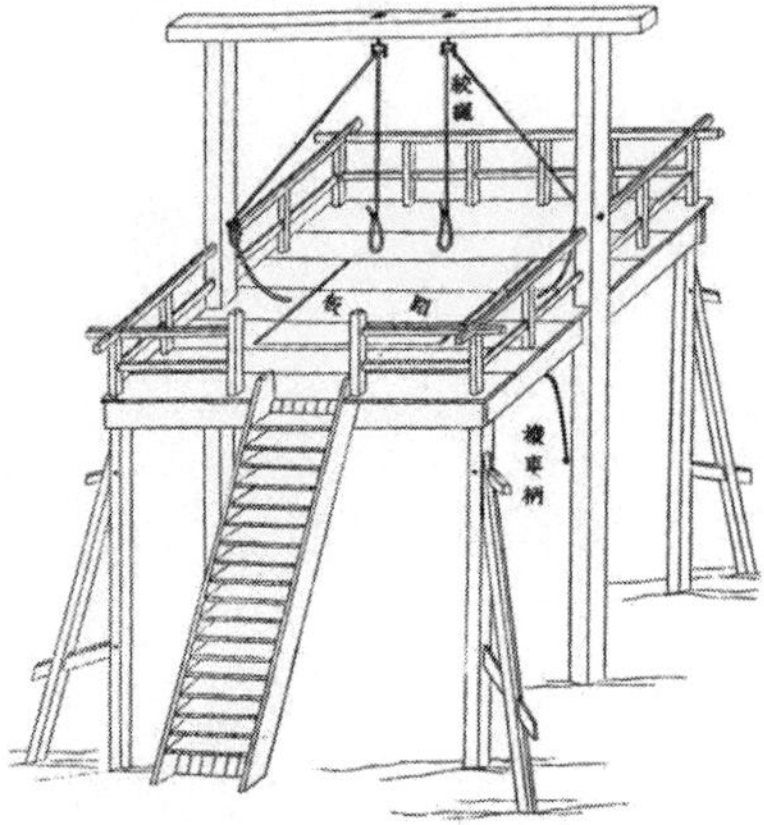

（出典:日本弁護士連合会ホームページ）

死刑囚の首に縄を巻き、その縄を上方に固定し、受刑者が立っている場所の床面を開くことにより、受刑者の身体の重みにより絞首する。そういった一連の手続きを定めたもので、死刑囚を踏み板の上に立たせ、両手・両足を縛り、絞縄を首に掛け、執行ボタンを押すことにより踏み板が開落し、受刑者が自重により落下するという、日本で行われている絞首刑の執行方法がこれに則していることは明らかだ。

過去に、太政官布告第65号の有効性について、強盗殺人事件の裁判で争われたことがあった。

これに対し、最高裁が昭和36（1961）年7月19日に下した判決では、「明治6年太政官布告第65号絞罪器械図式は、現在法律と同一の効力を有するものとして有効に存続している」と言い切っている。

２００９年３月11日の衆院法務委員会では、社民党の保坂展人議員が「(太政官布告第65号が) 今も生きているのか」と質問したのに対し、法務省矯正局の尾崎道明局長の答弁は「昭和36年の最高裁大法廷判決によりまして、この絞罪器械図式に定められた基本的な事項につきましては、法律としての効力を有すると判断されております」との内容だった。

法整備を150年放置

だが、法律としては有効であっても、実際に運用されている内容は１５０年前と現在とでは当然ながら大きな違いがある。太政官布告第65号で記された具体的な絞首刑の執行方式が、原理的には現在と同じでも、設備や運用面まで同じであるはずがない。

こうした違いは、政府も公に認めていた。２０１０年10月25日に社民党の福島瑞穂参院議員が、この年の８月に東京拘置所の死刑執行場が報道陣に公開されたのを踏まえ、太政官布告第65号の記述や絵と異なる点などを、質問主意書として提出した。

11月２日に「内閣総理大臣　菅直人」の名前で出された答弁書では、形式や寸法について「絞罪器械図式（明治６年太政官布告第65号）と異なる点もある」とあっさり認め、刑場の踏み板から下の階の床までの高さは「約４メートル」、東京拘置所で使用されている絞縄の長さは「約11メートル」であると、具体的に回答した。また、運用については基本的に「絞罪器械図式と変わるところはない」としながらも、何センチの高さまで落下させるかは「個々の死刑執行により異なる」と、明言を避けた。

法律としての効力を持っていながら、現在では書かれている内容と運用の実状が異なっている。そうした状態が、生命を合法的に奪うという究極の国権発動の場で放置され続けていることになる。

「刑事施設及び受刑者の処遇等に関する法律」が2005年に新たに定められるなど、刑事拘禁制度の改革によって、明治時代に制定された死刑執行に関して定める監獄法は、2007年に廃止された。こうした動きがある一方で、死刑執行の方法については、いまだ控訴審当時で140年前の太政官布告に代わる法律が制定されないままだ。この点を、大阪パチンコ店放火殺人事件の控訴審で、弁護側は突いた。

控訴審判決では「執行の現状とも細部とはいえ数多くの点で食い違いが生じている明治6年太政官布告に依拠し、新たな法整備をしないまま放置し続けていることは、上記昭和36年最高裁判決が、死刑の執行方法は法律事項であると判示した趣旨にも鑑みると、立法政策として決して望ましいものではない」と判断している。判決は違憲性までは認めなかったが、日本で死刑制度や執行方法のあり方に関する検討が十分に進んでいないと認めたことが、今後の議論に大きな一石を投じたことは間違いない。

政府の議論は「消滅」

法曹界の動きの一方で、政府もこの間、死刑執行方法の見直しなどを幹部で議論している。

２０１２年４月９日、国会議員の法相、法務副大臣、政務官がメンバーとなる法務省の政務三役会議で、死刑の執行方法や死刑囚に対する執行告知の在り方などについて、非公開での議論を始めることが決まった。三役会議は小川敏夫法相が中心となって進められ、官僚側も幹部がオブザーバーとして参加する仕組みだ。

滝実法務副大臣は、４つの論点で議論を進めることを表明していた。最初に、現在は絞首刑で行われている執行方法を見直すかどうかから議論し、海外で採用されている薬物注射や電気椅子の導入の是非を検討するとした。

さらに、執行直前の当日朝に行っている本人への死刑執行告知を前日などに早めるか、執行後の連絡となっている死刑囚の親族や被害者に対する情報提供をどうするか、死刑を廃止した場合に死刑囚の処遇をどうするか、といった点も話し合う流れを想定していた。

「絞首刑による今の執行制度は残虐だという声もあるが、本当にそうなのか。いろんな資料を検討していく」と、滝法務副大臣は説明している。だが、同時に「意見をたたかわせる問題ではない」とも述べ、外部からの有識者などは呼ばず、あくまでも非公開による内部検討であることを強調していた。

その後、2012年末に行われた総選挙で民主党が敗北し、政権は再び自民党のもとへと移ったことで議論は頓挫する。法相に就任した谷垣禎一《たにがきさだかず》氏は2013年1月、報道各社のインタビューで「執行方法をすぐ変えるとか、そういう議論をしようと思っているわけではない」と発言し、2月21日には、政権交代から初めてとなる死刑を3人に対して執行した。

この死刑執行を受けて、新党大地の石川知裕《ともひろ》衆院議員が2月25日に「死刑囚への死刑執行告知時期等に関する質問主意書」を提出している。その中で石川氏は「今回の死刑執行での告知を何時《いつ》、どのような方法で行ったか明らかにされたい」と質問した。三役会議での議論に何らかの進展があれば、ここでの回答にその結果が反映されるはずだ。

だが、3月5日に「内閣総理大臣　安倍晋三」名で出された答弁には、「一般的な取扱いとして、死刑確定者本人に対する執行の告知は、当日、刑事施設の長が、執行に先立ち行っている」としたうえで「現時点において、このような取扱いを変更する予定はない」と記されていた。

三役会議での議論は、具体的な進展がなく、その議論の過程も公表されないまま、4月には終結した。事実上の「消滅」だった。

2　世論調査にみる「死刑」

死刑を容認する国民は8割超

死刑制度を存置している日本政府が、その主な理由として挙げているのが「世論の支持」だ。5年に一度行われている死刑制度に関する政府の世論調査では、死刑制度を支持すると答えた人が死刑廃止の意見を持つ人を大幅に上回るとの結果が出ており、そうしたことを背景にして死刑制度が広く支持されているとの見方を示している。

政府は1956年から2009年まで9回にわたり、死刑制度に関する世論調査を実施してきた。その設問内容は、1956年から1989年までの5回と、1994年から2009年までの4回とでは表現が異なっている。死刑制度の是非という、調査の根幹とも言える主質問での設問と選択肢は、以下のように変化している。

〈1956年から1989年までの5回〉

質問：今の日本で、どんな場合でも死刑を廃止しようという意見にあなたは賛成ですか、反対ですか。

回答：(1) 賛成　(2) 反対　(3) わからない

〈1994年から2009年までの4回〉

質問：死刑制度に関して、このような意見がありますが、あなたはどちらの意見に賛成ですか。

回答：(1) どんな場合でも死刑は廃止すべきである　(2) 場合によっては死刑もやむを得ない　(3) わからない・一概に言えない

2010年2月に内閣府が公表した2009年実施の世論調査結果では、前記の質問で「場合によっては死刑もやむを得ない」と回答した割合が過去最高の85・6%にのぼり、報道各社は「国民の8割以上が死刑制度を容認している」と伝え、政府も同様の評価をした。2010年2月7日付の読売新聞は「死刑容認　最高の86%、内閣府世論調査」との見出しで、こう報じている。

「調査は昨年11、12月、20歳以上の男女3000人を対象に実施（回答率64・8%）。死刑について『場合によってはやむを得ない』と答えた人は2004年の前回調査より4・2ポイントの増加で、一方、『どんな場合でも死刑は廃止すべきだ』は前回より0・3ポイント減の5・7％だった。

容認の理由（複数回答）は、『被害者や家族の気持ちがおさまらない』が54・1％で最多。『凶悪犯罪は命をもって償うべきだ』が53・2％、『廃止すれば凶悪犯罪が増える』が51・5％と続いた（後略）」

読売新聞はこの日の紙面で、前記の記事を2面に掲載したほか、社会面にも「死刑容認派が過去最高　犯罪被害者『心強い』　裁判員候補には戸惑いも」との見出しの記事を載せている。

記事では、死刑容認派が過去最高になったとし、その理由は犯罪被害者遺族の感情を考慮したものだったとして「被害者側からは『苦しみが理解されつつある』などの声があがった」と記し、被害者遺族の声を紹介している。死刑に関する情報公開を進めるべきとする人権団体の意見や、死刑判決に関わる可能性がある裁判員の話も盛り込まれているが、死刑容認の意見が8割を超えたことが記事の主軸であることに変わりはなかった。

設問と選択肢への疑問

死刑制度について国民の大半が支持しているとの見方が広まる一方で、世論調査の内容を読み進めていくと、その手法に首をかしげる点も浮かび上がっていた。とりわけ議論となったのが、1994年から変更された、死刑制度の是非を問う主質問での設問と選択肢だった。

この主質問では、先に記したように「死刑制度に関して、このような意見がありますが、あなたはどちらの意見に賛成ですか」と問い、選択肢として「どんな場合でも死刑は廃止すべきである」「場合によっては死刑もやむを得ない」「わからない・一概に言えない」を挙げている。

ここで浮かぶ疑問は、死刑制度について賛成か反対かと、なぜシンプルに問うていないのかということだ。「どんな場合でも」や「場合によって」という言葉が加えられることによって、死刑制度に対して正確に評価することが阻まれているのではないか。そうだとしたら、その目的は何なのか。そうした疑問が生じるのは当然だろう。

この疑問は、国会でも取り上げられた。2014年3月25日、衆院法務委員会で民主党の田嶋要議員が、選択肢として「どんな場合でも死刑は廃止すべきである」と、意見を強調する「すべき」という言葉が入っていることなどを指摘し、こうした聞き方は「本当の民意がどこにあるのかということを確認するには非常に不十分、役立っていないどころか、誤解を与え得る」のではないかと質問した。

これに対し、谷垣禎一法相はこう答弁している。

「基本的にこういう質問の立て方をしてきておりますのは、要するに、この問題の論点と申しますか、死刑制度の存廃に関する我が国の議論が、結局のところ、あらゆる犯罪について死刑を廃止すべきかどうか、つまり全面的に廃止すべきであるかどうかというのが最大の論点であろうということを踏まえまして、このような『どんな場合でも死刑は廃止すべきである』か、あるいはこれに対応する『場合によっては死刑もやむを得ない』という選択肢になっているわけで、こういう考えに基づいて繰り返し実施してきたということだと私は考えております」

この答弁は、大きく2つのことを示していた。

第1は、世論調査での質問のポイントは死刑制度を全面的に廃止すべきかどうかということであり、それ故に「どんな場合でも死刑は廃止すべきである」という選択肢が出されたということ。第2は、その選択肢に対応するもう一つの選択肢は「どんな場合でも死刑は存置すべきである」ではなく「場合によっては死刑もやむを得ない」であること、だ。

だが、そのどちらの説明にも疑問は残る。第1の点では、この世論調査は「全面的死刑廃止」の是非を問うたものなのだろうか。そもそも「死刑廃止」に「全面的」も「部分的」もあるのだろうか。第2の点では、対応する選択肢の設定は果たしてそれでいいのだろうか。

日弁連による「世論調査に対する意見書」

「死刑制度の存廃に関する我が国の議論」が、「あらゆる犯罪について死刑を廃止すべきかどうか、つまり全面的に廃止すべきであるかどうかというのが最大の論点」とする法務当局の主張には、一方的に議論の前提を設定し、そこから話を進めていこうという強引な印象がぬぐえない。そもそも、この世論調査は何のために行われたのだろうか。日本弁護士連合会（日弁連）死刑廃止検討委員会で事務局長を務めた小川原優之《ゆうじ》弁護士もそうした疑問を抱いた一人だった。

小川原弁護士ら死刑廃止検討委員会の弁護士は、2009年に実施された世論調査に関する情報公開請求を行った。開示された資料と法務当局の説明を照らし合わせてみると、興味深い内容が浮かび上がった。

小川原弁護士によると、開示資料では世論調査の必要性について、こう記されていた。

「死刑制度の存廃については、国民世論に十分配慮しつつ、種々の観点から慎重に検討すべき課題であり、死刑制度に関する世論調査を継続的に実施し、国民世論の動向を把握することが必要である」

さらに、世論調査の目的は「我が国の内外において、死刑制度の存廃等についての論議が高まっているところ、これらに適切に対応するため」とし、「調査事項」として「1、死刑の存廃に関する意見とその理由　2、死刑の犯罪抑止力についての認識　3、死刑の廃止時期に関する意見」を挙げていた。

興味深いことに、調査の目的や必要性のほか「調査事項」にも、法務当局が主張する「全面的死刑廃止の是非」を調査するためという言葉はどこにも見当たらない。国内外で死刑制度の存廃に関する議論が高まっており、それに対応するために調査を行うのであれば、単純に死刑制度の是非を問えば事足りる。「全面的死刑廃止の是非」という前提を立て、選択肢に「どんな場合でも」や「場合によって」という言葉を加える理由はまったく見当たらないのだ。

日弁連は2013年11月、こうした問題点を「死刑制度に関する政府の世論調査に対する意見書」としてまとめている。この中では、死刑制度に関する質問の選択肢として「①死刑は廃止すべきである　②どちらかと言えば、死刑は廃止すべきである　③わからない・一概に言えない　④どちらかと言えば、死刑は残すべきである　⑤死刑は残すべきである」に改めるべきと提言した。「どんな場合でも」「場合によっては」という聞き方が中立的ではない、という考えに沿ったものだった。

関係者を驚かせた法務省の変化

2014年11月、政府は10回目となる死刑制度に関する世論調査を実施した。20歳以上の男女3000人を対象とし、面接方式で調査を行い、1826人（60・9％）から回答を得た。

2015年1月24日に公表された世論調査の内容は、日弁連などの主張を受け入れるかたちで、世論調査の設問や選択肢などが見直されていた。主質問である「死刑制度に関して、このような意見がありますが、あなたはどちらの意見に賛成ですか」の選択肢は「死刑は廃止すべきである」と「死刑もやむを得ない」「わからない・一概に言えない」に単純化された。

さらに、関係者を驚かせたのが、死刑の代替刑としての終身刑導入に関する質問が新たに加えられたことだった。世論調査では「もし、仮釈放のない『終身刑』が新たに導入されるならば、死刑を廃止する方がよいと思いますか」と問いかけ、選択肢として「死刑を廃止する方がよい」「死刑を廃止しない方がよい」「わからない・一概に言えない」の3つを挙げている。実際の調査では、終身刑導入に関する質問をする前に、対象者には現行の無期懲役には仮釈放の可能性があり、仮釈放されない「終身刑」は日本に導入されていないことを説明する文章を読んでもらう方式がとられた。

こうした質問内容の変化に、日弁連の関係者からは「死刑に対する法務省の姿勢変化だ」との声が上がった。とりわけ終身刑に関する質問が盛り込まれたことは、死刑の代替刑として終身刑を導入することに、法務省が重い腰を上げて検討に乗り出したのではないかと、期待を示す弁護士も少なくなかった。

法務省は、質問内容の見直しに先立って、秘密裏に専門家による検討会を発足させていた。「死刑制度に関する世論調査についての検討会」と名づけられた会合に参加したのは、法務省刑事局の幹部のほか、民間サイドから統計学や社会調査などの専門家4人。法務省側が掲げたテーマは「死刑制度の存廃について従前の質問の当否」「仮に『終身刑を導入した場合に死刑制度を廃止することの是非』に関する質問を新たに追加するとした場合、新たな質問はどの位置に置き、どのような質問表現にすることが妥当か」の2点だった。

検討会は非公開で、その開催自体も伏せられたまま2014年8月から10月まで3回にわたって開かれた。その間、検討会では、死刑制度の存廃に関する質問で、選択肢の表現をこれまでと同じくしたケースと修正したケースとで独自のサンプリングテストを行うなど、かなり綿密な調査と議論を重ねた。

その結果を記した「取りまとめ報告書」では、主質問で選択肢の内容を修正し、終身刑に関する質問を追加すべきということが盛り込まれた。

報告書では、死刑制度の存廃に関する選択肢について、次のように結論づけている。

「この世論調査において調査すべき事項が、『制度としての死刑を全面的に廃止すべきであるか否かについての国民意識の動向を把握する』というものであることを前提とするならば、従前の選択肢を変更し、『死刑は廃止すべき』、『死刑もやむを得ない』とすることが相当である」

これまでの「どんな場合でも」や「場合によっては」という添え言葉を削除するべきと明快に記しているが、その理由として挙げているのが、プリテストの結果だった。従来の選択肢によるものと、添え言葉を削除した選択肢によるものとの2通りの質問を用意してテストを実施したところ、添え言葉を削除する方が「回答者にとってより明瞭」(報告書)との結果を得ていたのだ。

また、終身刑に関する質問の導入では、調査の目的が終身刑そのものの導入の是非を問うものではないと確認したうえで、より多くの意見を聴くためにも実施するのが望ましいとしている。

こうした修正や追加を行ったことに、法務省幹部は「より質問を理解しやすくし、現状を反映させるため、内容に若干の手を加えた」と説明するが、一方で「日本に現在ある死刑制度を全面的に廃止することをどう考えるか、国民意識の動向を探るという目的は変わらない。過去(の調査)との連続性が断たれたわけではない」と強調している。

世論調査に「大きな変化」があったととられるのを避けたい意向がにじむが、死刑廃止運動に関わる弁護士からは「質問内容をよりクリアな形にしたことも前進だが、代替刑としての終身刑に言及した意義は大きい。死刑廃止の可能性を、法務省が自ら模索しているのではないか」と、積極的に評価する声が出ていた。

4割の人が死刑廃止に柔軟な考えを示す

新たな設問などを盛り込んだ世論調査の結果では、主質問である死刑制度の存廃に関して

「死刑は廃止すべきである」と答えた人の割合は9・7%だった。「死刑もやむを得ない」との回答は80・3%で、廃止の意見が２００９年の前回調査よりも4ポイント増加したが、その差は大きく開いたままだった。

公表後、初めてとなった２０１５年1月27日の閣議後記者会見で、調査結果の所感を問われた上川陽子法相は、こう答えている。

「死刑の全面的廃止を求める意見は少数である一方、多くの国民の皆様が死刑の存置もやむを得ないと考えているという基本的な動向に大きな変化はなかったというふうに考えておりまして、現行制度につきましては肯定的な結果が示されているものと考えております」

「死刑制度の見直しに関する御質問につきましては、今回の世論調査でも明らかになりましたけれども、多数の国民の皆様が、極めて悪質・重大な犯罪については死刑もやむを得ないというふうに考えていること、また、凶悪犯罪がいまだ後を絶たないという状況等を鑑みまして、直ちにこのことについて見直すということにはならないと考えております」

上川法相は、世論調査で「多数の国民」が死刑を支持しているとし、制度の見直しは考えていないと言い切っている。だが、果たしてそうなのだろうか。

世論調査では、死刑制度に関する質問が7つ用意されていた。主質問である死刑制度の存廃に関して「死刑もやむを得ない」と答えた人が80％に達し、これをもって「多くの国民」が、死刑に「肯定的」との結論を導いている。しかし、調査では「死刑もやむを得ない」と答えた人を対象に、追加の質問を行っていた。

追加質問では「将来も死刑を廃止しない方がよいと思いますか、それとも、状況が変われば、将来的には、死刑を廃止してもよいと思いますか」と問いかけ、選択肢として「将来も死刑を廃止しない」「状況が変われば、将来的には、死刑を廃止してもよい」（および「わからない」）を挙げている。

その結果は、意外にも「将来も死刑を廃止しない」という強硬な意見は57・5％で、「状況が変われば、将来的には、死刑を廃止してもよい」と、死刑廃止に柔軟な考えを示す割合が40・5％にのぼっていた。この回答は、２００９年調査では34・2％、２００４年調査では31・8％で、２０１４年の調査では増加していることがわかる。

さらに、初めて追加された「仮釈放のない終身刑」を導入した場合の死刑存廃を問う質問では、「死刑を廃止する方がよい」との回答が37・7％に達した。「死刑を廃止しない方がよい」と答えた51・5％には及ばないものの、社会から生涯隔離する刑が導入されれば、死刑廃止支持が増えることを示している。

2019年調査でも見えた国民の「迷い」

こうした傾向は、2019年の世論調査でも同様だった。

まず、死刑制度について「死刑もやむを得ない」と答えたのは80・8%。2014年より0・5ポイント増加した。一方、「死刑は廃止すべきである」との回答は9・0%で、2014年から0・7ポイント減っている。「死刑もやむを得ない」という意見が増加し、一方で廃止を求める声が減ったことで、日本の死刑制度は世論の支持を得ているとの見方が広まった。

2020年1月24日、閣議後の記者会見で世論調査の結果から死刑制度のあり方について質問を受けた森雅子法相は、「死刑もやむを得ない」との回答が80・8%だったことを引き合いに出し「国民世論の多数は、引き続き、死刑制度の存置はやむを得ないと考えている」と述べた。その上で、死刑制度については「罪責が著しく重大な凶悪犯罪を犯したものに対しては、死刑を科することもやむを得ないのでありまして、死刑を廃止することは適当でないと考えております」と話している。

だが、2019年の世論調査でも「将来も死刑を廃止しない方がよいと思うか」という問いに対して、39・9%が「状況が変われば、将来的には、死刑を廃止してもよい」と回答している。2014年より0・6ポイント減少したものの、「死刑支持」と分類される世論の中にも、4割程度、死刑廃止に柔軟な考えをもつ人々がいることがわかる。

また、終身刑が導入された場合に「死刑を廃止する方がよい」と回答した人は35・1％で、2014年から2・6ポイント減少したものの、一定数が意見を維持していることを示した。「将来も死刑を廃止しない方がよいと思うか」という質問は、死刑制度の賛否で「死刑はやむを得ない」と回答した80・8％の人に限って行っており、そのうちの39・9％が将来的な死刑廃止を容認している。これに、全回答者のうち「死刑は廃止すべきである」とした9・0％の割合を勘案すると、回答者全体の41・2％が少なくとも死刑廃止の可能性を否定しないことになる（80・8×0・399＋9・0＝41・2392）。

一方、「死刑はやむを得ない」としたうち、「将来も死刑を廃止しない」と答えたのは54・4％。全回答者で換算すると44・0％となり（80・8×0・544＝43・9552）、死刑廃止の可能性を否定しない割合と拮抗している。

こうした点を考えれば、死刑制度について国民の多数が「やむを得ない」と言い切っている法相の言葉とは異なり、その実相は複雑で多くの人たちに「迷い」があると言えるのではないだろうか。

3　死刑廃止は可能か

廃止の道を模索する人たち

政府は、国民の多くが支持していることなどを理由に、死刑制度を維持する方針を崩していない。だが、先の世論調査でも示されたように、死刑廃止賛成の意見は常に一定程度ある。日本では、これまでに国会議員による死刑廃止の議員連盟が結成され、死刑問題の調査委員会設置の一歩手前までいったこともあった。現在も、市民団体や弁護士による検討会などが議論を続けており、死刑廃止への道のりを模索している。

先進国で死刑制度を維持しているのは米国（州によっては廃止）と日本のみで、欧州連合（EU）などから強い非難を浴びているが、日本は死刑存置を頑《かたく》なまでに貫き、執行を続けている。裁判員制度の導入によって、一般市民も死刑について無関係と言えなくなった現状の中で、日本の死刑制度は今後どうなっていくのだろうか。

これまでの議論や現状などを踏まえながら、日本での死刑廃止の可能性を探ってみる。

かじを切った日弁連

2011年10月、高松市で日弁連による「第54回人権擁護大会」が開催された。「人権擁護大会」は日弁連が毎年1回、東京以外の場所で開催している行事だが、この大会では死刑廃止の議論がなされ、関係者の注目を集めた。

日弁連は、弁護士資格を持つ人すべてが加入する組織だ。当然のことながら、さまざまなテーマについて数々の意見があり、死刑制度についても廃止から存置まで、弁護士の間で意見に大きな隔たりがある。それだけに、統一見解を出すのは困難とされてきたが、この年の大会では、死刑のない社会が望ましいことを見据えて「死刑廃止についての全社会的議論を呼びかける」との宣言が案として出されたのだった。

死刑存廃の立場を示すのではなく、廃止の議論を広く起こそうという内容について、原案作りに関わった死刑廃止の立場をとる弁護士は「(死刑の)廃止を前面に出さず、存置派も巻き込んで議論を進めていく。その両方の条件をクリアするうえで、ギリギリの言い回しだった」と打ち明ける。

討論で被害者支援の立場から、死刑存置を強く求める意見も出されたが、最終的に採択された。宣言では、罪を犯した人の社会復帰のための施策を整えることの必要性を強調したのに続き、死刑についてこう記されている。やや長文だが、極めて重要な部分であるので、以下に引用したい。

我が国では、刑罰制度として死刑制度を存置している。死刑はかけがえのない生命を奪う非人道的な刑罰であることに加え、以上述べた更生と社会復帰の観点から見たとき、罪を犯したと認定された人が更生し社会復帰する可能性を完全に奪うという根本的問題を内包している。（中略）

かねてより、死刑制度については様々な問題点が指摘されている。すなわち、これまでに4件の死刑判決が再審により無罪となったことからも明らかなように、常に誤判の危険を孕《はら》んでおり、死刑判決が誤判であった場合にこれが執行されてしまうと取り返しがつかないという根本的な欠陥がある。

さらに、我が国では、死刑に直面している者に対し、被疑者・被告人段階あるいは再審請求の段階に至るまで十分な弁護権、防御権が保障されておらず、執行の段階でも死刑確定者の人権保障の面で多くの問題を抱えている。そして、死刑は人の生命を確実に奪い生命に対する権利を侵害するもので、いかなる執行方法であっても、その残虐性は否定できない。

であるからこそ、死刑の廃止は国際的な揺るぎない潮流となっているのである。これらのことを考えるとき我々は、今こそ死刑の執行を停止した上で、死刑の廃止についての全社会的議論を行うべきである。

その後、日弁連は２０１６年10月に福井市で開いた「第59回人権擁護大会」で、２０２０年までの死刑制度廃止と、終身刑の導入を国に求める宣言を採択した。２０１１年の大会で死刑廃止の議論を呼びかけてから5年。日弁連として初めて、死刑制度自体の廃止目標を表明したことになる。

宣言の提案理由は、袴田事件を引き合いに「誤判・冤罪の危険性が具体的、現実的であることを改めて認識させた」と指摘したほか、裁判員裁判の死刑判決が上級審で無期懲役になった例を挙げ「控訴しなければ執行されて生命が奪われていた」とした。

また、１４０カ国が死刑を法律上または事実上廃止していることや、国連の自由権規約委員会から死刑廃止を検討するよう勧告されていることにも触れ、死刑廃止が国際的潮流であることを強調している。

死刑の代替刑としては、終身刑のほか、無期懲役の受刑者が仮釈放の対象になる時期を現行の服役後「10年」から「20年または25年」にする制度の導入を提言している。

日弁連が死刑廃止に向けて、さらに旗幟《きし》を鮮明にしたと言えるが、その一方で組織内部の意見は依然として一枚岩ではない。宣言に賛成したのは出席者７８６人のうち５４６人。討論では、賛成派が「人は変わるということを前提に刑事裁判に取り組んできた」と訴え、反対派は「死刑を望む遺族の気持ちに逆らうことはできない」と反論しており、その溝は埋まらないままだ。

死刑廃止派の議員の動き

法曹界でのこうした動きの一方、国会での議論は低調だ。国会の法務委員会で死刑制度の是非をめぐって丁々発止のやりとりが交わされるわけでもなく、自民党の法務部会で議論の俎上《そじょう》に載ることもない。法務省の関係者は「（国会や自民党本部などのある）永田町が死刑制度に無関心なら、（法務省のある）霞ケ関が関心を持つ理由はない」と冷たく突き放した。

国会での議論が低調な理由は、超党派の「死刑廃止を推進する議員連盟（死刑廃止議連）」が、事実上の休眠状態に陥っていることも大きい。

死刑廃止議連は、公明党（当時）の二見伸明議員らが中心となり、１９９４年４月６日に発足した。初代の議連会長は田村元《はじめ》元衆議院議長で、２代目は左藤恵《めぐむ》元法相、３代目を竹村泰子参院議員（民主党）が務めた。そして２００１年12月に４代目会長に就いたのが、政界の重鎮・亀井静香元金融担当相だった。

強面《こわもて》のイメージがある亀井氏だが、死刑廃止には強いこだわりがある。警察庁のキャリア官僚時代からの死刑廃止論者で、政治家に転身してもその意志を貫いた。運輸大臣だった1994年12月、2人の死刑執行があった際には、管轄外の問題にもかかわらず「個人としては死刑は反対だ。国家権力が無抵抗の者を絞め殺すのは性に合わない。縛り首が国家の対応なのか。ほんとうに反省している人間もいる」と、批判的なコメントをして注目された。

亀井氏が死刑制度に反対なのは、警察官僚としての自らの実体験に根ざしている。亀井氏は、死刑廃止を唱える理由をこう述べている。

「被疑者が勾留・取り調べを受けると、異常心理に陥ることが現実に非常に多いのです。いわゆる拘禁性ノイローゼにかかって、取調官との関係が王様と奴隷のような心理状態になってしまうのです。取調官のまったくのいいなりになる被疑者がかなり多くいます。そして、そういう警察での供述をもとに、今度は検察が調書をとっていきます。公判廷でいくら被告人が『あれは嘘だった。勘違いだ。誘導されたんだ』といったところで、検面調書（検察官面前調書）には証拠能力がありますから、それが優先されていきます。そういう実態がいまの刑事司法の中にあり、そんな中では冤罪の可能性がある」

亀井氏の影響力は強く、死刑廃止議連に所属する国会議員は、与野党合わせて一時100人を超えた。「日本の場合、死刑は廃止すべきではないという世論が非常に強いのが現実です。

報復感情を含めた、ある意味では素朴な感情に支配されているこの現状をどう変えていくか。そういうことをやりながら、最終的には立法措置がとれるよう、国会内で死刑廃止に賛成する議員をどんどんふやしていきたい」。会長として決意を語る亀井氏が、死刑廃止に向けた法案を国会に上程《じょうてい》する強い意志を持っていたのは明らかだった。

幻の「死刑制度調査会」

しかし、死刑廃止議連はその後、具体的な成果を残せず、活動や影響力を縮小させていく。2012年の衆院選では、自民党の中川秀直元幹事長や民主党の仙谷由人《せんごくよしと》元官房長官ら中心メンバーが姿を消したほか、事務局を担っていた議員も落選するなどして活動は停滞してしまう。亀井氏は2017年に政界を引退し、その後は「実質的な活動はほとんどないのが実情」（関係者）となっている。

こうした状況を、死刑廃止議連に所属していた元議員らは、複雑な思いで見つめる。共通するのは「死刑制度調査会さえ設置できていれば、流れは変わっていたのではないか」という思いだ。

2003年7月、死刑廃止議連は「終身刑導入と死刑制度調査会設置等に関する法案」をとりまとめ、国会への提出をうかがっていた。調査会での議論中は、死刑の執行を停止するとの内容も盛り込んでおり、国会へ提出されれば大きな議論を巻き起こすことが予想された。

だが、法案は最終段階で与党内での調整が難航し、結果的に日の目をみることはなかった。衆院議員として死刑廃止議連の事務局長を約10年にわたって務めた保坂展人氏は「死刑廃止に向けた一里塚を築けなかった。あのとき（法案が）提出に至っていればという思いは今でもある」と振り返る。

戦後、死刑制度を扱う法案が国会で議論されたのは1956年の一度だけにとどまる。社会党（当時）の議員や市川房枝氏らが死刑を廃止する刑法などの改正案を提出したが、審議未了で廃案となった。2003年の動きは、およそ半世紀ぶりに、国会で死刑制度が本格的に議論される好機といえた。

当時、死刑廃止議連の副会長だった浜四津敏子参院議員（公明党）は、自民党内に死刑廃止への根強い抵抗感があることを知っていた。自民党、公明党、保守党で、死刑の代替刑として終身刑を導入することを検討した際、自民党サイドが強く反対したことも、記憶に新しかった。

そこで浜四津氏は、死刑は存置したまま、死刑と無期懲役との間に、20～30年間服役しなければ仮出獄を認めない「特別無期刑」を新設することを提唱した。死刑制度をすぐに廃止することは困難なだけに、仮釈放が可能な無期懲役との間に「重無期刑」を置くことで、死刑判決が減ることを目的としていた。

死刑廃止議連はこの案をもとに議論を重ね、２００３年６月に法案をまとめ上げた。そのポイントは、（１）衆参両院に死刑の存廃に関する臨時調査会（臨調）を設け、３年間の期限つきで議論する、（２）臨調の結論が出た後の１年間を加えた４年間は死刑執行を停止する、（３）死刑と無期懲役の中間的な刑として仮出獄がない「重無期刑」を創設する——の３点だった。国会内にある慎重論に配慮して、死刑廃止は盛り込まれていなかった。

自民党議員からの強硬な反発

議員立法による「重無期刑の創設及び死刑制度調査会の設置等に関する法律案」は、２００３年７月末までの通常国会に提出する予定で、そのためには各党の了承が必要だった。民主党や公明党、共産党、社民党は法案の提出を了承しており、亀井氏が所属していた最大政党である自民党が認めれば、国会提出への道が開くことになる。だが、法案提出の是非を議論した７月16日の自民党法務部会は、大荒れの展開となった。検察官出身の議員を中心に、法案への批判が相次いだのだ。

法務部会で、元検察官の佐々木知子参院議員は「残酷な殺人現場に何度も立ち会った。地獄の苦しみを味わった被害者や遺族に死刑以外でどう償えるというのか」と、感情をむき出しに声を張り上げた。また、保岡興治《おきはる》元法相も、３人の確定死刑囚への執行命令を出したことを含んだうえで、死刑制度の是非は「哲学にかかわる問題だから妥協はできない」と述べ、存置の意見を曲げないことを強調した。

はす向かいに座った亀井会長は「今回の法案は死刑を廃止する中身じゃない」と反論した。だが、法案への批判はやまず、了承を得ることはできなかった。議論は継続扱いとなり、通常国会への提出は見送られることとなった。

佐々木氏は、死刑廃止国であっても「現場で警察官が容疑者を射殺しているケースがある」とし、実質的な死刑が行われているとの主張を展開したという。

保坂氏は「事務局長として、自民党議員への根回しも行っていたのですが、法務部会での検察官出身議員からの強硬な反対があることは想定外の出来事でした。死刑をなくすための法案だろう、犯罪の恐ろしさを知らないのかと突っ込まれて、それを突破できなかったのです。死刑廃止議連の活動が盛り上がっていただけに、法案提出に至らなかったのは非常に残念です」と悔しさをにじませる。

死刑廃止議連は、2008年にも「重無期刑」の創設とともに、裁判員制度をめぐって一審での死刑判決に限り、裁判員と裁判官全員の意見一致を条件とすることなどを盛り込んだ法案をとりまとめた。しかし、自民党内の動きは鈍く、提出されることはなかった。

死刑廃止議連が活動を事実上休止する一方で、新しい動きも出ている。オウム元幹部13人への死刑が執行された後の２０１８年12月、死刑制度の存廃を超党派で議論する「日本の死刑制度の今後を考える議員の会」が発足したのだ。会長は自民党の重鎮、河村建夫元官房長官で、設立総会には与野党約50人の議員が名を連ねた。「死刑維持派」を公言する自民党の二階俊博幹事長が「議論するのは大事だ」と顧問に就くなど、死刑廃止、存置の両派で構成されているのが特徴だ。

「考える議員の会」では、刑場の視察や関係者、有識者との意見交換を重ねて論点を整理し、終身刑導入についても議論を重ねる方針だ。停滞している死刑存廃論議にどのような影響を与えるのか、今後に注目したい。

4　終身刑という選択肢

なぜ終身刑創設が死刑廃止につながるか

死刑廃止議連がまとめた法案の中で、重要なポイントとなったのが「重無期刑」の創設だった。仮釈放を認めない「重無期刑」は、実質的には終身刑を意味している。「重無期刑」の創設を目指したのは、現行法の下では、死刑と無期懲役との差があまりに大きい点を問題視したことにある。死刑が命を奪う刑罰であるのに対し、無期懲役は制度上、一定期間服役すれば仮釈放の可能性がある。社会復帰の望みがあるかないかという点で、両者には決定的な違いがあった。

「重無期刑」は、仮釈放がないという点では社会復帰の望みは極めて薄く（恩赦という制度は残る）、現行の無期懲役よりは重い刑罰だ。しかし、命は奪われないということでは、死刑とは刑罰の趣旨が根本的に異なる。

死刑か、無期懲役かという量刑判断に裁判官が迷った場合、現行法の下では仮釈放のある無期懲役は「軽い」とされ、死刑を選択する可能性が高いと、死刑廃止議連のメンバーたちは考えた。その中間に「重無期刑」を置けば、裁判官が死刑を回避しやすくなるのではないか、という読みだ。亀井氏は「最初から死刑廃止で多数派を形成するのは難しいが、その一里塚として終身刑を導入するのはそんなに難しい話ではない」と話している。

だが、死刑廃止議連がまとめた「重無期刑」という実質的な終身刑導入の考えは、当時としてはやや先を行ったものだった。死刑廃止を求める団体や弁護士のなかには「一生を塀の中に閉じこめておく終身刑は、死刑よりもある意味で残虐だ」という意見があり、根強い反対論があった。

終身刑が被害者遺族にもたらすメリット

日弁連内の意見がまとまらない一方で、死刑執行はほぼ毎年行われ、廃止に向けた具体的な動きは何ら起きていない。そうしたなか、日弁連の死刑廃止検討委員会は2012年8月、死刑の代替刑として仮釈放のない終身刑の導入を求める基本方針を決議した。日弁連の内部機関が終身刑の導入を求めるのは初めてのことだった。

死刑廃止検討委員会事務局長の小川原弁護士は、仮釈放のない終身刑が「死刑に替わる『理想的な刑罰』であるかといえば、そうだとは決していえない」としながらも「冤罪を防ぐ観点から言うと、仮釈放のない終身刑であれば死刑執行のおそれはない。無実の人を誤って死刑執行することはない、という点はとても重要だ」と指摘する。終身刑は、決してベストな答えではないが、死刑廃止に向けた「過渡的な措置」としてベターな選択だとの考えだ。
こうした小川原弁護士の現実的な考えは、専門紙である「週刊法律新聞」の2055号（2014年8月8日発行）へ寄せた文章からもうかがえる。

実際に死刑制度をなくすには政府（法務省）や与党（自民党・公明党）に説明し、説得する必要があるわけで、私もいろいろな方にお会いするのですが、お会いしていて感じることは、死刑廃止や執行停止そのものをテーマとしても、残念ながら全く反応することはないということです。そして必ず世論調査の結果、多数の国民が死刑制度を支持しているとの意見が出てきます。やはり日本でも、韓国やアメリカと同様、「死刑か仮釈放のない終身刑か」を問うことが、現実的な選択であると思います。

先に示した政府の世論調査でも、死刑廃止の意見を持つ人は1割程度だが、終身刑を代替刑として導入した場合には、廃止を認める世論は4割近くにまで大幅に増えている。法曹関係者は「代替刑がなく、ただ死刑制度を廃止するというのは、理想ではあるが、世論などを考えると現実的ではない」と話すが、そうした指摘は世論調査の結果を見ても明らかだった。
さらに小川原弁護士は、終身刑を導入する利点の一つとして、被害者遺族にとっても、死刑より早期に事件を「終結」させることができることを挙げる。

　アメリカでよく聞く言葉にCLOSURE《クロージャー》があります。死刑が執行されることによって、犯罪被害者遺族は事件に「幕引き」をすることができ「終結」させることができるというのです。ところが、アメリカでも日本でもそうですが、死刑事件は被告人・弁護人が強く争うことから、裁判が長期化し、判決までに時間を要するだけでなく、死刑判決が出た後も、さまざまな争い方をします。そのため、実際に死刑が執行されるまで、20年も30年もかかり、その間、被害者遺族は「終結」することができないまま、事件に長い年月関わり合わざるを得なくなってしまうというのです。

　日本にも、長期間争い続けている死刑確定者は少なくありません。もし死刑ではなく仮釈放のない終身刑であれば、そのような争い方は減り、裁判の期間は短縮され、刑が確定することによって、被害者遺族も早期に事件を「終結」させることができます。

死刑と終身刑、どちらが残虐か

　終身刑導入をめぐっては、専門家を中心に議論がなされているが、結論には至っていない。終身刑の是非はもちろんのこと、どういったかたちで導入するのか（死刑制度は存続させるのか、現行の無期懲役を廃止するのか、など）といった点も詰められていない。政治家レベルでの議論はほとんどなく、終身刑導入への具体的な動きについては「足踏み状態」というのが実情だ。

その要因には、死刑廃止を求める弁護士や専門家、市民グループなどのなかに、終身刑に対する批判が根強いことが挙げられる。仮釈放がなく、一生を刑務所内で過ごすことになる終身刑を「限りなく死刑に近い残虐な刑罰」と位置づけるのが、終身刑導入反対派の主張だ。死刑問題に詳しい明治大の菊田幸一名誉教授は、反対論の主な理由を以下のように挙げている。

（1）終身刑は死刑より残虐である。
（2）仮釈放のない終身刑受刑者が希望を失くし、精神異常になる可能性が大きい。
（3）社会復帰の可能性がない受刑者への刑務官の処遇目的が喪失される。
（4）終身受刑者を死ぬまで刑務所におくことは経済的に問題である。
（5）無期懲役が事実上、長期化している現状では、終身刑の採用は、重刑罰化に寄与するだけである。
（6）ドイツやフランスなどでも終身刑は残虐であるとして否定されている。

死刑廃止論者として知られる菊田氏は、その実現のために終身刑導入に賛成する立場をとっている。前記のような意見に対しても「終身刑が人間の生命を断つ死刑より残虐との論拠そのものが理解できない」と、反論している。

「たしかに終生を刑務所で過ごさせることは、『死ぬより苦である』との感情を無視できない。しかし死刑のある日本において、現に極刑である死刑を回避する手段の一つとして終身刑を代替するのであって、死刑がない時代、あるいは執行停止が長期（国連規準では10年以上）にわたり事実上の死刑廃止時代になれば、その時の極刑であろう絶対的終身刑は、これを見直す。つまり代替刑としての絶対的終身刑は、暫定的なものとすることを前提とする」

終身刑を導入するのは死刑廃止のための戦略であって、それが実現された後に、終身刑のあり方を議論すればいい。菊田氏の主張は、極めてシンプルで現実的だ。市民グループ「死刑廃止国際条約の批准を求めるフォーラム90」（フォーラム90）の安田好弘弁護士も、こう述べる。

「死刑廃止を訴えるだけでは、大きな流れを作ることはできません。少しずつ、死刑廃止の環境をつくっていくことが重要なのです。そのためには、死刑判決を少なくしなくてはなりません。執行も少なくし、死刑を非日常にすることです。死刑判決を少なくするために最も有効な手段は、終身刑の導入です。終身刑であれば死刑でなくてもいいではないかという議論もできる。そうすれば死刑が非日常になり、死刑がなくてもいいという認識が増えていくでしょう」

こうした戦略的な議論が待たれる一方、菊田氏が列挙した項目の中には、終身刑導入への大きな壁となっている要素が含まれている。それは無期懲役の長期化、即ち、無期懲役が事実上の終身刑となっている現状だ。

無期懲役は実質「終身刑化」している

2015年6月、テレビ番組のコメンテーターとして出演していた弁護士の発言が、インターネット上を中心に物議を醸《かも》した。関西地方の情報番組で、殺人事件の裁判に関するニュースが扱われ、無期懲役の判決に対して「15年くらいで仮釈放になる」と発言し、事実に反するとの指摘が相次いだのだ。

この番組では、千葉県内で起きた連続通り魔殺人事件の判決公判に触れ、別の出演者（芸能人）が「無期懲役ということは、だいたい15年くらいで仮釈放になるわけですよね」と話したのを受け、弁護士は「そうですね」と返答し、さらに「刑務所で問題なく過ごせば15年くらいで仮釈放になって、その後、問題なければそのまま社会で生活してしまう」と続けたのだった。

だが、これは事実と異なる。法務省の統計によると、2019年に仮釈放された無期懲役囚は16人で、この16人の平均収容期間は36年にのぼる。2010年から2019年の期間で見てみると、仮釈放された無期懲役囚は77人。2018年まで、仮釈放された無期懲役囚の平均収容期間は約31〜35年で推移していたが、２０１９年は36年と最も長くなった。

注意しなければならないのは、この「平均収容期間」は、あくまでも仮釈放された無期懲役囚の数値であり、仮釈放が認められず、刑務所に収容されたままとなっている大部分の無期懲役囚の収容期間は一切反映されていないことだ。法務省関係者は「50年以上、刑務所にいる無期懲役囚も珍しくありません」と話した。

だが、コメンテーターの弁護士の発言に根拠がないわけではない。無期懲役囚の仮釈放について、同じような認識を持っている人は少なくない。そうした考えの基になっているのは、刑法に記されている仮釈放の記載内容だ。

刑法28条では、仮釈放についてこう定めている。

「懲役又は禁錮に処せられた者に改悛の状があるときは、有期刑についてはその刑期の３分の1を、無期刑については10年を経過した後、行政官庁の処分によって仮に釈放することができる。」

決定条件や基準などは刑法28条や「犯罪をした者及び非行のある少年に対する社会内における処遇に関する規則」で別途定められているが、刑法上では、10年を過ぎれば仮釈放の「有資格者」となるのだ。さらに、実際の運用も１９９０年代後半までは平均収容期間が20年程度だった。

だが近年では、仮釈放となった無期懲役囚の平均収容期間が30年以上となっているように、実際の運用は厳しくなっている。2010年から2019年の間に死亡した無期懲役囚は217人。仮釈放された人の3倍近くの無期懲役囚が獄死していることになり、実質的に「終身刑化」しているとの指摘があるのも当然だろう。

仮釈放のキップは入手困難

無期懲役囚が仮釈放されるかどうかは、改悛の状があって更生の意欲が認められる場合に、地方更生保護委員会が再犯のおそれがないことや社会の感情（被害者の意見を含む）などを審理し、決めている。仮釈放を申請するのは刑務所長で、無期懲役囚自身が求めることはできない。

ただ、こうしたやり方には「取り扱いが不透明だ」との批判も多く、法務省は2009年に運用を見直し、服役期間が30年を超えた段階で仮釈放を許可するかどうかを一律に審理し、その後も10年ごとに必ず審理の機会を与えるようにしている。

一方、2004年には犯罪被害者等基本法が成立し、07年12月には、希望する被害者が、加害者の仮釈放について意見を述べることができるようになった。被害者が、凶悪な犯罪を起こした加害者の仮釈放を受け容れることは容易ではなく、仮釈放のキップは、より「入手困難」

になっているのが現状だ。

法務省は、無期懲役囚の仮釈放に関する過去の審理状況を公開している。仮釈放の「許可」「許可しない」という判断結果のほか、個々の収容期間、罪名、被害者数および死者数などが記載されている。2010年から2019年の間で352人の無期懲役囚が仮釈放の審理を受け、「許可」されたのは81人だった。

2010年に仮釈放が不許可となった70歳代の無期懲役囚は、収容期間が実に60年10カ月に達していた（罪名は「放火」「強盗致死傷」で、3人の被害者と「複数人」の死者が出ている）。一方、2019年には、収容期間が61年に及んだ80歳代の無期懲役囚（罪名は「強盗致死傷」で、1人が死亡）が仮釈放を「許可」されている。

この間、収容期間が30年未満で仮釈放となったのは、わずかに5人。収容期間は27〜29年に及んでいる。2013年には、収容期間が19年となる90歳代の無期懲役囚に対し不許可の決定が下されていた。

収容期間の長期化は、当然ながら無期懲役囚の高齢化につながる。刑務所にいる期間が長いほど拘禁症状が出やすくなり、収容期間が30年を過ぎると社会復帰への意欲が大きく減退するという調査結果もある。

高齢化によって、認知症のリスクも高まってくる。無期懲役囚は2019年末で1765人おり、この10年では最も少ないものの、1800人前後で横ばいの傾向が続いている。1991年が870人だったことを考えると、その増加具合が分かるだろう。無期懲役囚を収容する刑務所は9カ所だったが、受刑者の増加に伴って横浜、神戸、長野の各刑務所でも収容できるようになっている。

無期懲役囚が増加する一方で、仮釈放の運用は厳しくなり、刑務所内で死亡するケースも増えている。元刑務官は「現実的に生きて塀の外に出られる（＝仮釈放される）のは30歳代の無期懲役囚まで。40歳代からの無期懲役囚は、獄死するケースが多くなるのではないか」と話し、無期懲役が「実質的に終身刑になっている」と認める。刑法28条の規定は、もはや形骸化していると言っていいだろう。

他国にみる終身刑の運用

終身刑の導入を議論する際には、こうした「無期懲役の終身刑化」が大きなネックになっている。

法務省の幹部は、日本で終身刑を導入することに、こう疑問を呈している。

「現行法上での無期懲役は、仮釈放されないかぎりは終身刑と同じです。仮釈放される権利があれば別ですが、そういう権利はない。そうすると、放っておけば（無期懲役囚が）死亡するまで刑務所に入っているという意味で、終身刑と同じ刑罰になります。そう考えると、無期懲役と終身刑の間にどういった差があると言えるのでしょうか」

与党の関係者も「無期懲役が厳しくなって、仮釈放がほとんどなくなっているのなら、あえて終身刑を議論する意味はないのではないか」と、否定的な見解だ。

また、一口に「終身刑」といっても、その運用はさまざまだ。導入した国の例では、米国やオランダのように仮釈放のないものもあれば（恩赦は除く）、▽最低拘禁期間（タリフ）が終身となる場合もあるが、25年経過時点で有期タリフへの変更が審査され、その後も5年ごとに審査される（英国）、▽仮釈放を認めない「保安期間」は最長で30年（フランス）、▽15年の服役により残刑の執行停止（仮釈放）があり得る（ドイツ）――といったように、それぞれの解釈と運用がある。

山下貴司法相は２０１８年11月13日の衆議院法務委員会で、終身刑について「社会復帰の可能性がおよそない自由刑は、生きながらにして人を殺すに等しく、死刑よりもむしろ残酷であるとか、社会復帰に向けた処遇という概念が成り立たず、純粋な隔離にならざるを得ないため、矯正の現場が困難に陥るといった批判や指摘が存する」と語っている。その上で「今後、幅広い議論が行われていくことが望ましい」とも述べており、こうした言葉を待つまでもなく、無期懲役の運用と終身刑の導入に関する議論が急がれる。

5　死刑廃止へと進む世界

死刑が国家にもたらすプラスとマイナス

国内外でさまざまな意見があるなかで、死刑の運用を担っている法務省は、この「人命を合法的に奪う制度」について、どう考えているのだろうか。

先に示した2018年11月の衆議院法務委員会で、山下法相は死刑制度についてこう語っている。

「死刑の執行については、申し上げるまでもなく、死刑は人の命を絶つ極めて重大な刑罰でございます。その執行に際しては慎重な態度で臨む必要があるものと考えております。ただ、それと同時に、法治国家においては、確定した裁判の執行が厳正に行われなければならないということも言うまでもないというところでございます」

こうした考えを踏まえ、死刑について「慎重かつ厳正に対処していく」というのが、法務省の公式見解だ。それを、現場の法務官僚たちが下支えしている。

法務省の中堅幹部は「死刑があることによって、日本の刑事司法制度は相当引き締められているのではないでしょうか。人間のやることだから間違いはあるといった考えは許されず、間違ったら一人の生命を奪うシステムだと思えば、刑事司法に一点の間違いもあってはならないということになります」と、死刑制度の「メリット」を強調した。

袴田事件の再審決定が下されたことによる影響も、世論調査の結果を引き合いに「ほとんど問題がない程度だった」とし、死刑制度が日本の刑事司法や治安にとって有用だとの考えだ。

一方で「デメリット」として挙げたのが、死刑制度があることによる国際的な批判だ。

別の若手官僚は「欧州を中心に、日本は死刑制度を維持することに固執しているとのイメージが抱かれています。犯罪人引き渡しに関しても、日本で死刑になる可能性があれば、これを拒否するとの姿勢も示しています。死刑制度があることで、国際的な孤立を招いているとの懸念はあります」と話す。

検察官出身の別の官僚は「気になるのは米国の動向。州レベルで死刑を廃止する動きが拡大していると言いますが、これがもし連邦レベルでの動きとなれば、日本にとっては痛い」と打ち明ける。この官僚は、さらにこう続けた。

「先進国で死刑を存置しているのは日本と米国ですが、米国全体が死刑に積極的というわけではありません。米国が連邦レベルで死刑を廃止すれば、主要国で死刑存置なのは日本と中国ということになり、これはちょっとどうなのかということになりかねません。さらに、米国が死刑を廃止する際に、ほかの国はご自由にとするのかどうか。もし死刑存置国には最恵国待遇をやめますよといったようなプレッシャーをかけてきたら、経済的影響の深刻さに、日本の世論も強く影響を受けるでしょう」

そうした見方はあるものの、現状では日本の世論として死刑制度は支持され、運用に問題はないとの声がほとんどだ。

「日本の死刑は、執行が年間1人から2人という時期もあります。制度としてはあるけれど、本当に重大な犯罪についてのみ適用されているというのが実際です。中国のように、大量に死刑判決を出して執行している国とは根本的に違うのです」（法務省中堅幹部）

「英国では誤判による死刑執行が明るみに出て、批判が高まりましたが、日本では死刑が執行されるのは、本当に事実関係に間違いない人でしかない制度ができています。もちろん、そこに異論を挟む人もいるでしょうが、多くの人はそう思っているのではないかと思います」（同）

ただ、法務官僚であっても、死刑に関する話題には口が重くなることが多い。「（死刑事案に）関わったことがない」「担当部署にいたことがない」という人も少なくなかった。実際、法務省内でも死刑に関する仕事を担うのは「限られた部署の職員のみ」（関係者）という。

中堅幹部は「拘置所の死刑執行施設を見たことがある人はほとんどいません。研修で拘置所に行っても、死刑執行施設は見ませんでした」と話すが、死刑執行施設を視察した経験のある元幹部は「特定の職員しか入れないし、雰囲気もちょっとほかの区画とは違う感じだった」と明かす。

死刑執行のあった日は、法務省内で担当部署の職員が酒を飲んでいたというが「お清めでもしたくなる気持ちになるわけです。今では批判を受けそうですが、そうした気持ちになることもわかってほしい」と、硬い表情で話した。

検察官時代に、自らも死刑求刑を行ったことがあるという法務省OBは、こう話す。

「死刑の決裁書を作る人をはじめ、執行に関わるのは最小限の担当者に限られているのです。法相までの決裁ルートもそうですし、矯正施設側も最小限の人数で執行を行っています。執行が終わってから、どういうことがあったかはわかりますが、関わる人が少ないし、関わってもそのことを口外しないのです。誰が関わって、立ち会ったかなどを話題にしたりしないというのが職業倫理だという人もいます」

死刑は、その実務を担う法務官僚たちにも、さまざまな思いを抱かせていた。

廃止国は年々増加している

国際人権団体である「アムネスティ・インターナショナル」のまとめによると、世界で死刑を廃止している国（10年以上死刑執行のない「事実上の死刑廃止国」を含む）は144カ国・

地域で、日本を含む死刑を存置する55カ国・地域を大幅に上回っている（2020年末現在）。

2020年に死刑を執行したのは18カ国・地域で、死刑執行数は少なくとも483件と、過去10年間で最も少ない数値となった。「少なくとも」としているのは、大量の死刑を執行している中国が情報を公開していないことや、同様に独裁政権による粛清などで死刑が横行しているとみられる北朝鮮の状況がわかっていないためだ。中国や北朝鮮など民主主義のルールに則った政治システムが機能していない国では、死刑が独裁者の裁量や政治的キャンペーンによって利用されることから、これらの国のデータが明らかになれば、死刑執行者数は跳ね上がることが考えられる。

アムネスティでは、2020年の死刑判決と死刑執行に関する報告書で、死刑を取り巻く状況について「世界がパンデミックで機能不全に陥る中、複数の国の政府関係者が健康対策をなおざりにし、死刑の判決と執行に執拗なまでに固執したことは、彼らの死刑適用の冷酷さをさらに浮き彫りにし、死刑廃止が喫緊の課題であることをあらためて示した」と記している。

その上で、死刑廃止国が2006年の128カ国・地域から2020年は144カ国・地域まで増えたことなどから、報告書では「死刑の廃止に向け世界が前進を続けている近年の傾向を裏付けている」と、前向きな評価も与えている。

そうした「近年の傾向」の中で、注目すべきなのが米国の動向だ。

死刑存置国・米国の動き

米国では死刑が1972年にいったん停止されたが、1976年の連邦最高裁判決で復活した。米調査団体「死刑情報センター」によると、死刑復活から2021年3月までに1532人が執行されている。このうち1250人が南部の州に集中し、テキサス州は570人に上っている。

一方で死刑執行数は減少傾向にある。年別では1999年の98人が最も多かったが、2015年以降は20人台で推移し、2020年は17人だった。死刑判決も1996年の315件から、2020年は18件にまで減っている。

こうした背景には、相次ぐ冤罪がある。同センターによると、1973年以降で無実が証明され釈放された死刑囚は185人に上り、ずさんな捜査や裁判が浮き彫りになった。被告が有色人種の場合や、被害者が白人の場合に死刑判決が出やすいとの批判も根強い。2021年3月に死刑廃止法案に署名したバージニア州のノーサム知事（民主党）は「死刑の廃止は道徳的に正しい」と述べている。

冤罪や人種的な隔たりといった問題点を受けて、バイデン大統領は、2020年の大統領選に向けて発表した公約の中で「連邦レベルでの死刑を廃止する法律を成立させ、各州がこれに従うよう働き掛ける」と明記した。

米国では連邦政府の連邦法で死刑が規定されている一方、州政府はそれぞれ主権を持ち、州法を制定できることから、州によって死刑の存廃は分かれている。バイデン氏は、連邦政府レベルでの死刑廃止を公約とし、死刑囚には仮釈放のない終身刑を適用するとの明確な姿勢を示したのだ。検事出身のカマラ・ハリス副大統領も、検事時代から死刑には反対の立場を公言している。

バイデン氏が連邦レベルでの死刑廃止を公約として打ち出したのは、トランプ前大統領への対抗軸を示すという意味もあった。トランプ前政権は2020年7月に、連邦政府として2003年以来となる死刑執行を再開。この年だけで10人、政権交代直前の2021年1月にも3人と立て続けに執行した。この中には、幼少期から継父らによる性的虐待を受けるなどし、重い精神障害があった女性死刑囚も含まれており、死刑執行には米国内外から大きな批判が起きている。

そもそも、連邦政府が年10人以上執行するのは過去約120年で初めての事態だった。トランプ氏は犯罪に厳しい姿勢を示すことで、次期大統領選に向けて保守層にアピールする狙いがあったとみられているが、駆け込み的な執行は議論を呼んだ。こうしたトランプ氏の「政治的」な死刑執行で、死刑に対して懐疑的な世論が増えたとの見方もある。

政権交代を経て、ガーランド司法長官が２０２１年7月、連邦レベルでの死刑の執行を一時的に停止するとの通知を公表した。トランプ前政権は２０１９年7月以降、死刑の執行に関する諸規則に変更を加え、変更後の規則に基づいて連邦レベルでの13人の死刑執行を行ったことから、変更された規則の見直しを行い、その作業が終わるまでの間は死刑の執行を停止するというのが通知の内容だった。「一時停止」ではあるものの、ガーランド氏は２０２１年2月22日の上院公聴会で死刑の執行停止を支持する考えを示していることから、当面は連邦レベルでの死刑執行は行われない見通しだ。

製薬会社が執行用の薬物を販売拒否

一方、２０２１年5月と6月には、テキサス州で薬物注射による執行が行われるなど、州レベルでは死刑執行が続いている。だが、２０２０年に死刑を執行した州は5州にとどまるなど、死刑を続ける州は少数派になりつつある。

米国で死刑を廃止しているのは50州中23州で、過去10年間執行していない州を含めると36州になる。２０２１年3月にはバージニア州が南部州として初めて死刑を廃止した。バージニア州はこれまで１１３人を執行し、テキサス州に次ぐ多さだった。「死刑情報センター」のロバート・ダナム事務局長は「バージニア州の死刑廃止は、米国全体での潮流を示している」と指摘している。

「死刑存置」に区分されている州のなかには、死刑執行の最終的な権限を持つ知事が「執行しない」と明言しているケースもあり、州レベルでの廃止の動きは今後も進むとみられる。

米国での死刑に関する近年の動きは、次ページの表のようになっている。

2015年2月に、ウルフ知事が死刑執行停止を表明したペンシルベニア州では、現行の死刑制度は重大な欠陥を抱えており、死刑に関して十分な議論が尽くされるまで停止措置を続けるとしている。

「重大な欠陥」として、冤罪の可能性のほか、上訴審で刑の減軽事由が見つかったり、原審の判決プロセスに不備があったりして終身刑に減刑された死刑囚が複数いることや、経済的弱者や人種的に少数の人が、とくに白人を殺害した場合に死刑判決を受けやすいということを挙げており、社会的な差別の問題にも踏み込んでいる。

ウルフ知事は「われわれが死刑制度を続けるのであれば、被告人が起訴のすべての段階において適切な弁護が得られるよう、そして刑が公平かつ均等に適用され、無実の者を処刑するリスクが排除されるように、一段と対策を講じなければならない」と述べている。

また、ネブラスカ州では2015年5月、共和党のリケッツ知事が、死刑は犯罪抑止効果があるとして死刑廃止法案に拒否権を行使したが、州議会が誤判の危険性や執行用薬物の入手困

米国での死刑に関する近年の動き

2007年	ニュージャージー州で死刑廃止 ニューヨーク州で最後の死刑囚を減刑（死刑は州憲法違反とされたため）
2009年	ニューメキシコ州で死刑廃止
2011年	イリノイ州で死刑廃止 オレゴン州知事が死刑執行停止を表明
2012年	コネチカット州が死刑廃止
2013年	メリーランド州が死刑廃止
2015年	ペンシルベニア州知事が死刑執行停止を表明 ネブラスカ州が死刑廃止
2016年	デラウェア州が死刑廃止
2018年	ワシントン州が死刑廃止
2019年	ニューハンプシャー州が死刑廃止 カリフォルニア州知事、死刑執行停止を表明
2020年	コロラド州が死刑廃止
2020〜21年	トランプ政権が連邦レベルで13人に死刑執行
2021年	連邦レベルでの死刑廃止を公約に掲げたバイデン政権発足 バージニア州が死刑廃止 ガーランド司法長官が連邦レベルでの死刑執行停止表明

難などを理由に賛成多数で覆した。ネブラスカ州は、議会で共和党が過半数を占める保守的な州で、こういった州での死刑廃止は１９７３年のノースダコタ州以来という。

　死刑廃止の動きの背景には、死刑の制度的欠陥に対する批判のほか、電気椅子より「人道的である」として導入され、主流な執行方法となっている薬物注射への疑問もある。薬物による死刑執行は通常、麻酔剤の後に筋弛《きんし》緩《かん》剤が投与され、呼吸が止まるという過程をたどる。

　ところが、主な調達先である欧州の複数の製薬会社が２０１２年ごろを境に、使途が処刑の場合の販売を拒否するようになった。このため、現在は米国内やほ

米国の死刑執行数と死刑判決数の推移

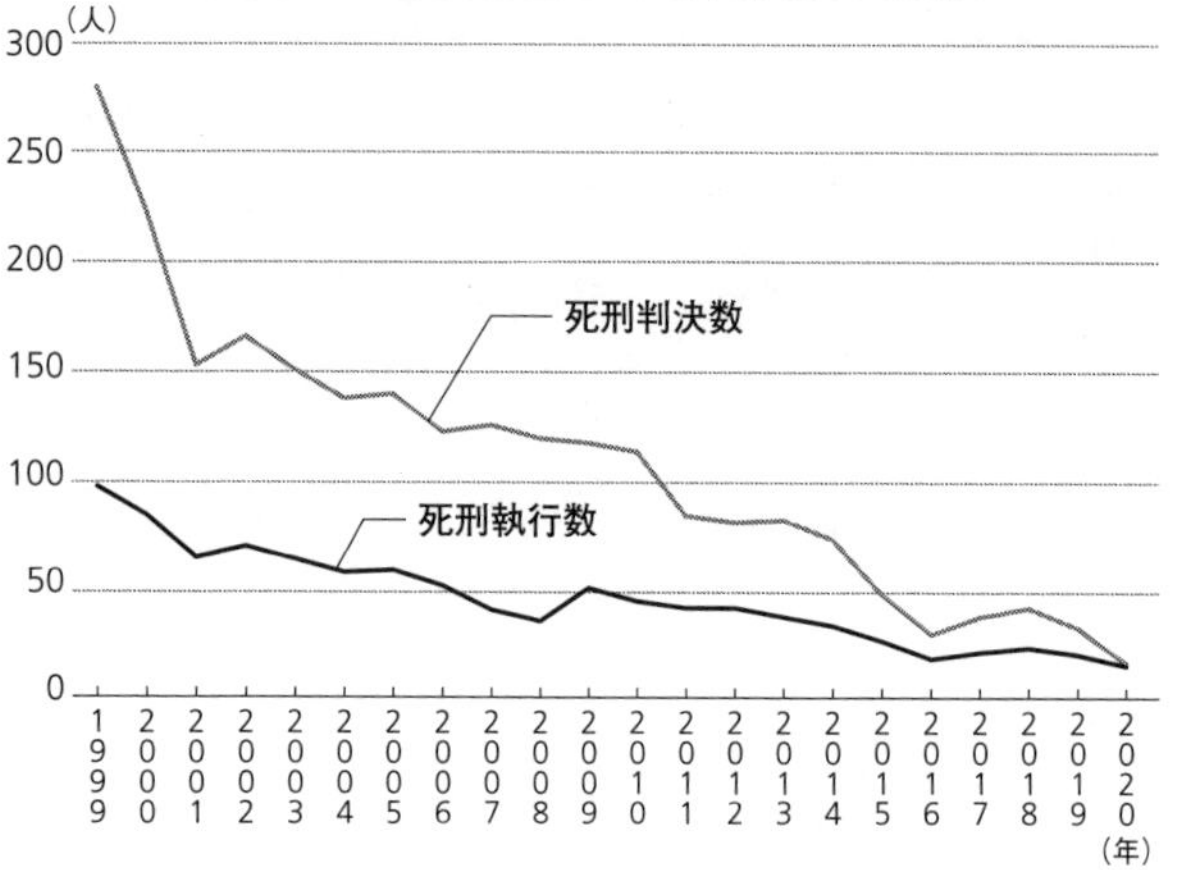

※米調査団体「死刑情報センター」による

かの国から調達した薬物に頼っている。

だが、こうした薬物の品質は信頼できないなどとして死刑執行が延期されるケースが相次いでいる。実際、２０１４年７月にアリゾナ州で執行された薬物注射による死刑が、薬物投入から死亡まで２時間近くかかり「非人道的だ」との批判が噴出した。

議会での動きや執行をめぐるトラブルなどが明るみに出ることで、米国全体が死刑廃止に大きく傾くことも考えられる。こうしたことは、死刑執行でジャーナリストなどの立ち合いを認めず、執行の経緯も公表しない日本ではまず考えられないことだ。米国での議論からは、「人間の命を奪う」という刑罰を「密行主義」で行い、検証すらさせない日本の姿勢が、いかに問題であるかがわかるだろう。

「実質的死刑廃止国」韓国の事情

　米国のほかに、死刑をめぐる動向が注目されるのが韓国だ。韓国には死刑制度があり２０１９年の資料では60人の確定死刑囚がいるが、１９９７年12月に金泳三《キムヨンサム》大統領が23人に対する大量執行を行って以来、死刑執行はなされていない。２００７年末にはアムネスティによって「実質的死刑廃止国」に認定されている。

　韓国が死刑執行を停止するようになったのは、１９９８年に金大中《キムデジュン》氏が大統領に就任したことが大きい。

　民主化運動のリーダーとして活躍していた金大中氏は、軍事独裁政権によって何度も逮捕・投獄され、死刑判決を受けた経験を持っていた。２００７年10月、ソウル中心部にあるプレスセンターで開かれた、市民団体の主催による「死刑廃止国家宣布式」に参加した金大中氏は「誤判や独裁権力によって抹殺された命がどれほど多いか。死刑は犯罪を抑止しない。罪を犯した者の更生の機会も奪う制度には賛成できない」と訴えている。

　「我々の人権運動史上、今日は最も意味のある日。人権先進国の仲間入りを果たした」とも述べ、死刑廃止に対する並々ならぬ思いを語っていた。死刑が時の権力によって恣意的に使われるという危険性を、金大中氏は身をもって体験していたのだ。

韓国死刑廃止運動協議会によると、韓国が成立した１９４８年から50年間で、処刑された死刑囚は９０２人（軍事裁判による死刑の執行を除く）。うち約４割が政治犯だったとされる。とくに朴正熙《パクチョンヒ》、全斗煥《チョンドゥファン》両元大統領による軍事独裁政権時代には、民主化運動を弾圧するために死刑制度が使われた。金大中氏も、その対象となった一人だ。

そうした金大中氏と、やはり民主化運動を闘った盧武鉉《ノムヒョン》氏が、ともに大統領在任中に死刑制度に批判的な立場をとり、結果として執行がなされなかったのは不思議なことではない。軍事独裁政権下で逮捕・起訴され、死刑が執行されたり服役したりした人たちに対して無罪が言い渡されるケースも相次いでおり、民主化運動を経験した世代を中心に、死刑に対する拒否反応は強いといえる。

このほか、死刑など人権問題に対して敏感な欧州との貿易関係に支障を来《きた》さないために、死刑執行には消極的であるとの見方もある。凶悪な犯罪などが起きると、韓国でも「死刑を執行せよ」といった世論が高まる。

２０１０年2月には、憲法裁判所が「死刑は合憲」との判断を下している。だが、四半世紀にわたって死刑執行を行っていない韓国が死刑を再開すれば大きな国際ニュースになることは間違いなく、韓国が死刑を執行することはないという見方が支配的だ。

韓国では、国会に死刑廃止法案が上程されたことはあるが、実質的な審議に入ることなく廃案となってきた。だが、長期間にわたって死刑執行がなく、執行再開も難しいなか、新たに「死刑制度廃止特別法」を制定すべきとの議論が起きている。この特別法は、死刑制度を廃止する代わりに、減刑や仮釈放を認めない終身刑を導入するという内容だ。死刑廃止を実現させる一方で、死刑を求める世論を納得させるため、代替刑としての「終身刑」を設けるというのは、日本の死刑廃止議連が試みた内容と同じだ。

さらに、死刑執行がないなかで、法務当局も処遇環境の見直しを進めている。

2008年からは、収容されている確定死刑囚の集団処遇（独房ではなく、雑居房に収容すること）を可能とし、刑務所に移送して刑務作業を認めるなど、徐々に柔軟化している。2012年6月に日弁連死刑廃止検討委員会のメンバーらが視察で訪韓した際、韓国の法務当局は「長期間収容されることで自暴自棄にならないよう、多様な教化プログラムを考えている」と説明していた。

また、韓国政府は2020年11月の国連総会で、死刑執行の停止を求める決議案に初めて賛成票を投じている。韓国の通信社、聯合《れんごう》ニュースによると、韓国法務省は「韓国が国際社会から『事実上の死刑廃止国』と認識されていることや、決議案の賛成国が増え続けていることなどを踏まえて賛成した」という。

韓国で死刑が停止しているのには、金大中氏が死刑囚から大統領になったという、極めて特殊な背景がある。それだけに、日本との単純な比較は難しいが、金大中氏の死刑制度に対する批判には経験に基づいた深い説得力があり、欧州との経済的関係から韓国が死刑再開に慎重な判断をしたというエピソードは興味深い。確定死刑囚の処遇を変化させているという柔軟さについても、日本の硬直化した処遇と比較すると雲泥の差があり、そうした点からも学ぶことは多いと言えるだろう。

世界の潮流に逆行する日本

世界各国の約7割が死刑を廃止、または事実上廃止しているなかで、日本は少数派に属している。そうした中、米国が連邦レベルでの死刑執行を停止したことから、先進国主体の経済協力開発機構（ＯＥＣＤ）加盟国（38カ国）で通常犯罪に対する死刑執行を続けているのは、日本だけと言うことができる。

米国では、薬物注射による死刑執行の際にトラブルが発生し、それが死刑に関する議論を巻き起こした。死刑に関する情報が広く公開されているから起きた現象であり、米国とは対照的に死刑の情報開示に消極的で、極めて閉鎖的ななかで執行を続けている日本では、そうした議論の種をみいだすことも難しい。

２０２０年12月16日、国連総会は「死刑の廃止を視野に入れた死刑執行の停止」を求める決議を賛成多数で採択した。賛成は123カ国で、反対の38カ国を大幅に上回る圧倒的多数での採択だった。同様の趣旨の決議は2007年以降、ほぼ2年に1度のペースで採択されているが、日本は一貫して決議に反対している。米国などが反対票を投じたが、その中には中国や北朝鮮といった、民主主義による政治や司法のシステムを持っていない国も含まれている。総会決議には拘束力はないものの、国際社会が死刑制度に対してどのような考え方を持っているか、少なくともその潮流を示したかたちとなった。

日本政府は国際人権諸条約の締約国として、国連総会決議を尊重する国際的な義務を負っている。死刑廃止を是とする国が着実に増えていっているなかで、死刑執行を続け、国連総会で反対票を投じ続けることは、世界の潮流に明らかに逆行している。

「死刑に対する世論が割れ」ており「凶悪犯罪が起き続けている」のは、日本に限った現象ではない。死刑を廃止したり、国連総会で死刑廃止決議に賛成票を投じたりした国は「各国の事情」だけで判断したとは言えないだろう。

「主権の侵害であり内政干渉となる」と国連総会の委員会で死刑廃止決議に反対した死刑大国・中国の主張と、民主主義国家である日本の主張が、国際社会から同じ次元にみられていいのだろうか。日本が、自国の問題として国際社会の動きに背を向け、制度の見直しをしようとしない「死刑モンロー主義」は、もう限界に達している。

おわりに

　JR常磐《じようばん》線と東京メトロ日比谷線が交差する南千住駅の周辺には、高層型のタワーマンションといった住宅や大型スーパー、商店街などが立ち並ぶ。東北地方に向かう貨物列車の拠点となっている広大な貨物専用駅「隅田川駅」も位置し、交通の要衝《ようしよう》でもある。

　南千住駅から南西方面に少し歩くと、分岐する2つの線路に挟まれた小さな一角に出る。その入り口には「延命寺」と書かれ、先には高さ約4メートルほどの大きな地蔵が鎮座している。地蔵に「首切地蔵」との名前がつけられているのは、この一帯（東京都荒川区南千住2丁目付近）が江戸時代から明治初期にかけて死刑を執行していた「小塚原《こづかっぱら》刑場」であったことに由来する。「首切地蔵」は、処刑された人たちの霊を慰めるため、1741年に建立された。

　延命寺から線路を挟んだ場所には、「回向院《えこういん》」という名の寺院がある。1771年に解剖学書「ターヘル・アナトミア」を手に入れた蘭学者杉田玄白、中川淳庵《じゆんあん》らが、解剖図の正確性を確かめるため、小塚原刑場で刑死者の解剖に立ち会っており、後に「解体新書」を翻訳する礎《いしずえ》となった。回向院には、その功績をたたえた「観臓記念碑」がある。

小塚原刑場は、死刑執行場としての役割のほか、刑死者を埋葬する場所としても使われた。当時は、遺体を遺族に返還することが認められていなかった。死刑に処され、埋葬された人の数は20万人とも言われる。延命寺がまとめた「刑場跡周辺」というパンフレットには、当時の一帯の生々しい様子がこう書かれている。

「埋葬とはいえ実は名のみであって、死体は取り棄《す》てられたのと同様であったようである。土をわずかに掘ってかけておくという状態であったから、臭気がひろがり野犬が喰いあらして荒涼たる状景を呈していたのである」

実際に、鉄道工事の際には、地中から大量の人骨が発掘された。周辺の一本道は「コツ通り」と呼ばれるが、その響きは「人骨」を連想させる。今もアスファルトの下には大量の人骨が埋まっているのだろう。

当時、主な刑場は小塚原と鈴ケ森（現在の東京都品川区南大井2丁目付近）にあった。小塚原は江戸の北の入口（日光街道）沿いに設置され、鈴ケ森は南の入口（東海道）沿いに置かれていた。刑場周辺に柵はあっても塀はなく、獄門となった刑死者の首が、道行く人たちに晒《さら》されていた。

2つの刑場は、江戸を出入りする人たちの目にあえて触れさせて恐怖を植えつけることで、犯罪の抑止と厳罰の警告をする目的があったと考えられている。

それから約150年。死刑執行場は塀の内側に移り、そして施設の中に入り、人びとの目から遠ざけられていった。市中引き回しをされていた死刑囚は、外から決して見えない拘置所の独房に収容され、社会から隔絶された生活を送っている。冤罪も少なくなかったと思われる大量執行の時代、人びとの前に公開されていた死刑は、時代とともに隠されていった。

ただ、変わらないのは、日本に死刑制度が維持され、死刑執行が続いているということだ。今も全国7カ所に絞首台があり、毎年のように死刑囚がそこで命を落としている。そのうちの一つである東京拘置所の刑場が、小塚原刑場の跡地からわずか2キロほどの場所にあるのは、歴史の奇妙な偶然だろうか。

私が死刑制度に関心を持ったきっかけをたどると、中学生時代の記憶にぶつかる。小学生から中学生時代を過ごした1980年代には、免田事件や財田川事件など、確定死刑囚が再審無罪となるニュースが相次いだ。新聞やテレビのニュースでその背景を知った私は、死刑や冤罪の問題に興味を持ち、関連の本を読むなどしていた。そんなある日、社会科を受け持っていた先生が、授業中に死刑に関する話をしてくれた。

私の通っていた北海道の小さな町にある中学校は、生徒数が少なく、教頭が社会科を教えていた。その先生は、教員になる前は検察庁に勤めていたという、風変わりな経歴を持っていた。

授業中には、出会った被告人のことや、検察官にアゴで指図されて不愉快な思いをしたことなどを話してくれたが、ある日、先生の口から出たのは死刑の話題だった。

「悪いことをした人は死刑になる。それは仕方のないことかもしれない。でも、死刑ってとっても残酷なものでもあるんだ」

「さっきまで話をしていた人が、ほんの少し時間がたったら手足を縛られて目隠しをされ、首を吊されて、鼻や口からは鼻汁や血が出ている。検察や刑務所の人でも、死刑はいやだって言う人がいたほどだよ」

なぜ、先生がこの話をしたかはわからない。話の内容は、検察内部で聞いた話かもしれないし、何らかのかたちで自分が関わったことなのかもしれない。ただ、首に手を当てて吊されるまねをしながら話した内容は、普段とは違った先生の重苦しい口調とともに、今も鮮明に記憶に残っている。


死刑制度に対して、国際的にも国内的にもさまざまな議論がある。廃止を求める声もあれば、存置を主張する意見もある。だが、大部分の人にとっては、判断しづらいのが実情ではないだろうか。それは、日本の政府が死刑の情報公開に対して、非常に消極的であることに由来する。情報のないところに、議論は成り立たない。調査報道を担う特別報道室に在籍したとき、私が死刑制度をテーマの一つに選んだのは、そうした状況に少しでも風穴をあけたいとの気持ちがあったからだ。

本書の内容は、弁護士や法務省関係者、犯罪被害者遺族、元死刑囚の遺族、元刑務官、教誨師、受刑者など、数多くの方々への取材で成り立っている。協力していただいたことを、本当にありがたく思っている。また、極めてデリケートなテーマだけに、取材によってご心労をおかけしたこともあるかもしれない。そうした方々には、あらためておわび申し上げたい。

本書が死刑制度の現在を知り、存廃を含めた議論を進めていくうえでの一助になればと思っている。

新書版によせてのあとがき

本書の基となった『ドキュメント　死刑に直面する人たち～肉声から見た実態』（岩波書店）は、私が共同通信特別報道室に在籍していた当時、全国の加盟新聞社に配信した記事と、2013年1月から2月にかけて配信した連載企画「極刑の断層」などに大幅な追加取材と加筆を行い、2016年1月に刊行した。本書はその内容に追加取材を行い、さらに加筆したものだ。

連載企画では、廃止や存置といった前提に立つものではなく、日本が維持している死刑制度とは何なのかをさまざまな角度から書くことを心がけた。取材にあたっては、当時の同僚だった岩橋拓郎記者と石山永一郎編集委員（当時）に多くの力を借りた。深く感謝したい。

刊行後の2016年9月から、私はニューデリー特派員としてインドに赴任し、約3年8カ月を過ごした。その間、死刑に関して記憶に残る出来事があった。

本書の中でも触れた、私が2016年3月に米テキサス州でインタビューした死刑囚が処刑されたのだ。ロバート・プルエット元死刑囚は、無実を訴えながらも、2017年10月12日に薬物注射による死刑が執行された。テキサス州司法当局のホームページには、プルエット元死刑囚が最後に語った言葉が記載されている。

「ここに集まったすべての皆さんに、私が皆さんを愛しているということを知ってほしい」

「おやすみなさい、みなさん。おやすみなさい、みなさん。以上です、所長」

テキサス州から遠く離れたインドで死刑執行のニュースに接し、プルエット元死刑囚が語っていたことを思い返していた。死刑囚という立場になったが、メディアを通じて自分の生い立ちや無実の訴えを知った多くの人たちから、励ましの手紙をもらったこと。刑務所内でさまざまな本を読み、成長できたことに感謝しているということ。

インタビューの際、プルエット元死刑囚は「友人たちから手紙をもらい、面会に来てもらえるのは、大きな心の支えだ。人と交流しないと、平常心は保てない。交流のない人ほど精神を病んでいく」と語った。日本では、確定死刑囚が外部との交流を厳しく制限されていると伝えると、プルエット元死刑囚は驚いた表情で、こう話した。

「あなたをはじめ、多くの人と会い文通することで、私の精神は保たれている。死刑囚にも訴えたいことはあるはずだ。なぜ、それが認められないのか」

プルエット元死刑囚は証拠の不備などから執行が何度も延期され、直前まで弁護側は執行停止の訴えを裁判所に起こしていた。司法当局と弁護側のやりとりは執行直前まで続き、その経過はテレビや新聞などによって報じられた。そうした中、ジャーナリストを含んだ立会人の前で、プルエット元死刑囚の刑が執行されたのだった。

それから9カ月後。日本ではオウム真理教の元幹部13人に対する死刑が執行された。執行のニュースは、日本だけではなく海外でも報じられ、インドの新聞にも掲載されていた。だが、13人の執行直前の様子や、遺した言葉などは明らかにされておらず、死刑執行がどのような形で行われたかを知ることはできない。「プライバシー」を理由に、日本政府は死刑の実態を明かすことをかたくなに拒んでいる。

死刑をめぐる、こうした日本と米国の「情報格差」をどう理解したらいいのだろうか。

死刑制度の是非はいったん別として、米国では情報を公開することで議論が起き、それだけ死刑制度について考えることができる。一方、日本では密行主義で情報はほとんどなく、死刑が行われながらも議論は深まらない。死刑は国家が合法的に命を奪える究極の権力行使であるのにもかかわらず、多くの人々は無関心という状態が日常化している。民主主義の社会を構成する一人の市民として、日本のこうした現状には、強い疑問を抱き続けている。新書版にも、そうした私の思いが込められている。

本書の刊行にあたっては、幻冬舎の前田香織さんから数々の助言と力添えを得た。的確な指摘とアドバイスは、私にとって大きな糧となった。本書を通して、多くの方々と死刑制度に関する議論ができればと思っている。

2021年11月

佐藤　大介

巻末資料 インタビュー集

※本文中の肩書は取材当時のもの

①杉浦正健氏（元法相）

戦争当時、私は「軍国少年」でした。それが戦争に敗れて民主主義がやってきて一億総ざんげとなり、教科書を墨汁で塗りつぶしたんです。戦争中は、竹槍で戦おうと本気で思っていたんです。でも、やって来た進駐軍のジープや兵隊を見て力が抜けましたよ。圧倒的に差があったんです。そのことを知らなかった。結局は、勝てない戦争をやったんです。

当時の日本は、井の中の蛙《かわず》だったんです。でも、国民主権になって、いろいろなところから情報が入ってくるようになって、井の中の蛙ではいられなくなりました。しかし、まだ井の中の蛙であり続けている面もあります。その一つが、死刑制度だと思います。

死刑制度についての詳しいことは、実は法相になって初めて知ったのです。それまで、死刑制度のことを、ちゃんと勉強したことはありませんでした。法相に就任したとき、認証式後の記者会見前に、事務方から想定問答のペーパーを渡されたけど、よく読んでいなかったんですよ。衆院で法務委員長をやっていた経験があるから、ある程度はわかっていると思っていたんですね。でも、死刑に関する質問がありうるとは頭にありませんでした。

記者会見で、死刑執行の是非を聞かれて、どうにもこうにも考える時間がありませんでした。とっさに出たのが「(死刑執行命令に)サインしない」という答えだったんです。あれは自分の心情でした。そもそも、私は死刑廃止論者ではありませんでしたし、死刑廃止議員連盟にも入っていませんでした。ただ、私の心情がぱっと出たんです。

あの日は、記者会見を終えて旧知の記者たちとラーメン屋で一杯やっていたら、みんなそこで記事を書いているんです。何をしているんだって聞いたら、死刑執行にサインしないとの発言が一面トップに行くと言うんです。条件反射で答えただけに驚きましてね。すぐに秘書官と連絡を取って「あくまで心情を述べたもので、法務大臣の職責を述べたものではない。誤解を与えて申し訳ない」といった内容の見解を公表したんです。とにかく、驚きました。翌朝、閣議の後に小泉総理に「ご迷惑かけました」って言ったら、にこにこ笑っていましたね。

法務省は、就任会見での私の発言があまりにも衝撃的だったせいか、死刑執行に関する書類をなかなか持ってきませんでした。1年ほどの在職期間で終わりのころ、確定死刑囚のうち何人が執行に適しているか聞いたことがあります。そうしたら3人だと言うのです。再審を申し立てておらず、病気ではなく、静かに過ごしていると。再審請求をしたり、病気の人たちは、不文律として執行しないんですね。その3人の記録を持ってきてほしいと頼むと、すごい量になると言うんです。そこで、1人あたり20〜30枚の紙に犯罪内容や死刑確定後の様子などをまとめてもらったんです。確かに、複数の人を快楽的に殺したりと、ひどいものでした。事務方は、いずれも本当に反省していると言うんですよ。

しかし、命が助かりたいから、証拠が明らかでも再審を繰り返している死刑囚がいる一方で、本当に反省をして、命を奪われてもいいっていう人に手をかけることになるんです。そんなことができますか？　おかしくはないですか？　私は考えてしまって、結局、執行命令にサインすることはありませんでした。事務方からの圧力はなかったですね。3人とも、やったことは本当に許せませんよ。でも、本当に反省している人の命を奪っていいのかと考え込みましてね。考えているうちに任期を終えました。

そうした経験もあって、死刑について本格的に考えはじめました。いろいろ勉強をしていくと、死刑を存置していることで、日本は国際社会で孤立していることを知ったのです。アメリカでも、3分の1を超える州が廃止していることさえ知りませんでした。韓国は死刑執行を停止しているし、国連で採択された死刑執行停止の決議に、日本は反対しているんですね。大変なことだと思いました。

被害者遺族のお気持ちもわかるし、死刑にはある程度の抑止力もあるでしょう。完全にないとは思いません。それに、死刑に反対すると、有権者の反応が気になります。執行命令にサインしなかったことで、いろいろと風当たりが厳しかったのも事実です。「正健さんがそんな人だとは思わなかった」とか言われるんですよ。

しかし、地域の争いを繰り返してきた欧州諸国は死刑を廃止しています。基本は人権問題なんです。仏陀《ぶつだ》の教えからしても、死刑はいけません。死刑はそろそろやめにして、日本が成熟した民主主義国家であることを、きちんと国際的に示す必要があります。

（2015年2月、東京都中央区の法律事務所にて）

すぎうら・せいけん　1934年、愛知県岡崎市生まれ。弁護士を経て86年に旧愛知4区に自民党公認で出馬し、初当選。2009年に政界を引退するまで、衆院6期を務めた。05年10月に発足した第3次小泉改造内閣で法相を務め、就任の記者会見では死刑執行命令にサインしないと明言した。発言は約1時間後に撤回したが、在任中の死刑執行はなかった。現在は東京都内の事務所を拠点に弁護士活動を行い、日弁連死刑廃止検討委員会の顧問も務める。

②安田好弘氏（「フォーラム90」弁護士）

１９８０年代に確定死刑囚の再審無罪が相次いだこともあり、「死刑をなくす女の会」など死刑廃止を求める市民団体がいくつもできたんです。学者と市民団体が合流するかたちで「死刑執行停止連絡会議」というのができました。死刑廃止はすぐには無理だから停止にしようと、横断的な運動体を作って活動をはじめたのです。

しかし、死刑執行停止はなかなか一般に理解されませんでした。死刑執行を停止し、死刑制度について議論を尽くす、死刑執行があるままでは議論できないという発想は広まらなかったんですね。そのなかで、法務省は「死刑執行停止は憲法違反」だと言ってきました。判決の効力を停止することになり、判決で死刑と言っているのに法律で停止するとなると司法権の侵害だという主張でした。

確かに論理的な問題と、運動する方にとっても説明が難しい要素がありました。そうしたときに、国連で死刑廃止条約が採択されたのです。それが１９８９年12月でした。それを受けて、連絡会議の人たちが集まって、停止ではなく廃止をストレートに訴えようということになったんです。それで「フォーラム90」が誕生しました。

当時、政府の世論調査で、死刑廃止に賛同する意見が15・7％あったのです。15・7％の世論が顕在化すれば、国会も動くと考えました。法相にプレッシャーをかけて死刑執行を停止させることもできます。そして、国会で死刑廃止法案を立法化できる受け皿を作ることが目的でした。市民のダイナミックな動きのなかで死刑廃止を実現させていこうと考えたのです。執行させないという圧力は3年4カ月の執行停止に結びつきました。そして、１９９３年の執行再開を受けて、死刑廃止議員連盟が発足したのです。

法務省は、死刑執行は法相の義務だという論を展開しました。こちらはそれに対して刑罰制度を改革することこそ法相の義務だと反論しました。フォーラム90では、同時にアジアと連携して死刑廃止を目指そうともしました。韓国と連携したのもその頃です。死刑廃止議連は、亀井静香会長・保坂展人事務局長のときに、時間をかけて執行停止の法案を作りました。このときが最高のチャンスだったんですが、法務省と自民党内部の壁を破れずに、上程には至りませんでした。少なくとも、法律が上程されれば、その議論が終わるまでは執行できないだろうと考えていたのです。力不足でした。

その後、死刑廃止が大きな社会的勢力になり得ていないのは、オウム事件によって治安に対する世論が変わっていったことが大きいと思います。オウム事件で社会の雰囲気が変わったのです。国家政策も国会議員や一般市民の感覚も、治安優先になっていきました。これに呼応するように被害者参加制度ができ、応報刑の発想が強くなりました。

もちろん、運動の内部にも反省は無数にあります。廃止議連を支えきれず、加盟している議員が選挙で落ちていったのです。本当の意味で、死刑廃止の議員を作っていく力がなかったのです。ロビー活動ができる体制もなく、市民運動さえやっていればいいというのではいけません。法律を通せる国会議員をつくろうという発想が必要だったんです。そして、死刑に替わる刑をきちんと用意しなかったことも要因です。死刑存置の人を巻き込むような方針を出せませんでした。仮釈放のない終身刑の導入をめぐって、運動内部でまとまらなかったんです。

死刑存置の人たちとどこで調和するか。理解をどう得るか。そこが重要なんです。最初は、私は即死刑廃止で終身刑なんてとんでもないと考えていました。しかし、今は死刑制度もあって、そのうえで終身刑導入をという立場です。死刑廃止だけでは死刑存置の人を巻き込めません。死刑の存廃について迷っている人たちの支持も得られません。革命的に世の中が変わることなんてありませんから、少しずつ変えていくしかないのです。

それは、死刑廃止の環境を作っていくことです。そのためには、まず死刑判決を少なくすることです。執行も少なくし、死刑を非日常にすることなんですね。死刑判決を少なくする最大の手段は終身刑の導入だと思います。終身刑であれば、死刑存置の人たちとも死刑はなくてもいいのではないかという議論ができるようになります。そうすれば死刑が非日常になり、死刑がなくてもいいという認識が増えていくでしょう。そういう方針を今でも打ち出せていないのです。

死刑の存置か廃止かという二者択一的な考えのままで死刑廃止運動をやってしまっては、本当の草の根運動じゃなくなります。死刑存置の人と対話が進まないのです。死刑があるなかで終身刑を議論するしかありません。

私は、どこかの時点で「フォーラム90」は方向を転換しなくちゃいけないなと思っているんです。政策を実現する集団に変わる必要があるだろうと思うのです。議員連盟も方向転換をして、冤罪の防止と終身刑導入の議論を重ねるべきではないでしょうか。行刑の近代化とか、刑罰制度の枠組みのあり方とか、まったく違う視点から議論をし、その問題点を是正する議論のなかから終身刑を導入することができるのではないかと思います。死刑廃止を言わない死刑廃止運動をやっていく必要があると考えています。

（2014年6月、東京都港区の法律事務所にて）

やすだ・よしひろ　1947年、兵庫県生まれ。80年に弁護士登録。死刑が求刑された重大事件の弁護を数多く手がける。これまで弁護を担当した事件は、新宿西口バス放火事件、オウム真理教事件、光市母子殺害事件など多数。確定死刑囚の再審請求も行っている。2012年には安田氏を扱ったドキュメンタリー映画『死刑弁護人』が公開された。

③法務省刑事局刑事法制管理官

――死刑制度は国民からの広い支持を受けていると考えていらっしゃいますか？

「2015年1月に公表した世論調査では、我が国の死刑制度について支持している人もいるし、反対している人もいますが、総体としては肯定的評価が示されているのではないかと考えています。死刑を廃止すべきだというお答えは、今のところ1割くらいで、死刑はやむを得ないと考えている人は8割いらっしゃいます。反対と賛成で1対8になっているわけですから、そういう意味で現行制度を肯定的にとらえている人がだいぶ多いと理解しています」

――世論調査では、死刑容認の割合が微減しました。

「世論調査を通して知りたいことは、死刑制度に対する考えがどう変動しているのかということです。今回は選択肢の変更が行われたので、直前の数値との比較はできません。全体の動向としては、多数の方が死刑制度を『やむを得ない』と考えているという流れは変わっていないとの評価です」

――世論調査では、仮釈放のない終身刑を導入した場合は死刑を廃止する方がよいとの回答が37・7％に達しています。終身刑の導入についてはどうお考えになりますか？

「釈放の希望を与えず、一生拘禁しているというのは刑事政策として適切なのかという問題もあるし、絶望的な刑罰との意見もあります。制度として仮釈放のない終身刑を導入することについては、さまざまな問題があるので、慎重な検討が必要となるというのが基本的な考えです。

仮釈放のない終身刑が絶対に認められないと言っているわけではありませんが、制度として導入するにはまだ問題があり、ただちに導入するのが望ましいとか、導入の方向で検討を進めるとか、そういう段階ではないと考えています。

現行の懲役刑というのは、基本的に何らかの意味で社会復帰が予定されており、その望みがあるわけです。ただ単に拘禁し続けるというのは、刑罰のあり方や刑事政策的にも問題があり、緩慢な死刑執行ととらえる学者もいます。また、行刑の立場からも、社会復帰の望みのない人をどう扱えばいいのか、何のために刑罰を執行しているのかというところから問い直す必要が出てきます。受刑者が自暴自棄になることも考えられます。

そういう問題を解決しないまま、制度として仮釈放のない終身刑をつくってしまうのは、それは早計に過ぎるということになります。いずれにしても、刑罰制度の一番の深いところに関わる問題だという認識です」

――海外で死刑を廃止する国が増加し、国連総会でも死刑廃止を視野に執行停止を求める決議が採択されています。そうしたなかで、日本は死刑制度維持の姿勢を崩していません。その理由は何でしょうか？

「歴代大臣がほぼ同じことを答えていますが、国際社会の意見や動きを参考にしてはいるものの、それで決まる話ではありません。わが国にはわが国なりの犯罪の情勢や、実際に凶悪犯罪が起きていること、さらに刑罰に対する国民の考えがあるわけです。これで正義が保たれているという感覚が失われたら、刑罰は用をなさなくなります。そういう意味で、国民の考えは大きなファクターになります。それを含めて、わが国なりの刑事政策のあり方があると考えています」

——死刑廃止を主張する側の論拠の一つに、誤判の可能性があります。誤判によって死刑が確定し、執行されれば取り返しがつかないというのが理由ですが、この主張についてはどうお考えですか？

「誤判の可能性はよく言われるのですが、制度の問題として言えることは、誤った死刑の執行がなされることがない仕組みになっているということです。具体的には、まず裁判段階があります。不服があれば三審まで審議がされるという仕組みがあり、単に3回判断するのではなく、被告人の権利を十分保障したかたちで、事実認定に関する厳しい規制に従って裁判がなされています。

その結論を控訴審、上告審がみていくことになっており、相当厳格なものになっています。仮に、裁判所の確定的な判断に疑義があるという場合には、再審制度が用意されています。さらに、死刑執行に関しては、法務省として大臣が執行命令を下す前に記録を詳細に調査し、執行してよいかどうかを検討しています。何重もの防壁があるわけです。そういうことから考えると、誤った執行がなされるということはない制度になっているというのが我々の考えです」

——袴田巌さんが再審開始決定になったのは、そうした機能がきちんとはたらいていたからだということですか？

「袴田さんはまだ再審開始決定が確定はしていませんが、今まで再審が確定したものをみても、再審制度というものがよく機能しているということが言えると思います」

——裁判段階で間違いがあったとしても、再審でそれは正されるので、無実の人が死刑執行される可能性はないということですか？

「人がやることなので可能性がないと言い切っていいのかは別の問題ですが、制度として整ったものになっているということです」

——とくに死刑に関しては、100％間違いがないことを求められるのではないかと思うのですが。

「そこは我々もそう思います。誤った執行がなされたということがあってはならず、それは100％でなければならないとは思いますが、我々の方でできることは、そのために最もよい制度を整えることです。これまでに、誤判による死刑執行がなされたということが確定した事件というのはないので、現行制度はきちんと機能しているという認識です」

（2015年3月、法務省にて）

④藤田公彦氏（元刑務官、死刑執行立ち会い経験あり）

かつては死刑執行の手順について、先輩の刑務官がいろいろ教えてくれたんです。ロープのかけ方や結び目の位置など、なぜこうするのかということを説明してくれましたが、それには全部道理にかなった意味がありました。死刑は命を絶つ刑罰ですから、そこに残虐性がないとは絶対に言えません。でも絞首刑がどのように行われているかを知らないままで、何をもって残虐と言うのか、私には理解ができません。

私は大阪拘置所に勤務していた20歳代後半のときに、死刑の執行役を任されました。大阪拘置所の刑場は、北側の一番端にあるんです。12×16メートルぐらいある部屋です。この中の半畳分の床が開閉式の踏み板になっていて、死刑囚はそこに立つことになります。隣の部屋の奥には、踏み板を開くボタンを押す部屋があります。細長く狭い部屋で、刑場の様子を見ることはできません。そこには5つのボタンが並んでいて、5人の刑務官が並びます。そのうちの一つが踏み板の開閉装置とつながっていて、ロープを首にかけられた死刑囚の立つ床が開き、落ちていく仕組みです。

責任者の保安課長が死刑囚の首にロープがかけられたことを確認して合図をすると、担当の係がスイッチを入れ、ボタンを押す部屋には非常灯みたいな電気がつきます。そうしたら、5人が一斉にボタンを押すのです。すると部屋に「プシューッ」という音が響いて、床がスパンッと開きます。執行部屋の下は地下室になっていて、天井から床までの高さは3メートルぐらいです。人間を一気にどんと落とすわけで、延髄や脊髄が切れてしまうのです。だから、痛みも何も感じません。瞬時に意識を失って死ぬわけで、首を締めて死ぬのではないのです。

首など体が30センチくらい伸びるので、そのためにロープの長さを調整します。死刑囚の身長と体重を測って、体が伸びる分も加味して長さを準備しておきます。事前に死刑囚の体重分の砂袋を落として、何度も実験するんですよ。

死刑囚の首にかけるのは、直径が3センチほどの太いロープです。天井で固定して、垂れ下がっているんです。ロープだけでしたら首に激しい損傷を与えてしまうほどの、大きな衝撃がかかります。ですから、首のあたる部分には鹿の皮が張ってあります。この部分が死刑囚の首に食い込むので、人間の脂で黒ずむのです。この脂のしみ込みを見たときには、震えあがりましたね。それぐらい強烈に印象に残っています。

大事なのは、首にロープをかけるときに結び目を横にもってくることです。すると、落下と同時に自然と立会人に向かって頭を下げているような恰好になります。手足を縛るのもバタつかないようにするためです。死刑執行時の姿から遺体となったときの姿までを、できるだけ美しいものにしようという配慮をしているのです。

一番つらいのは、地下に落ちた死刑囚を受け止める役です。落ちた反動で上に飛び上がったり、時計の振り子みたいになってしまうんですよ。非常に見苦しいでしょう。残虐なイメージがあるじゃないですか。そうならないように、死刑囚の体をしっかりと受け止めてあげるんです。これはタイミングが難しくて、そのためにベテランがやるのです。私が死刑執行役の言い渡しを受けたときに、先輩の刑務官が受け止め役を任されたのです。でも、その人が懇願したのです。「私はもう十何人も受け止め役をやってきた。もうしたくない。もうすぐ孫もできるし、勘弁してほしい」と言うのです。その苦しそうな表情とともに、よく覚えています。

絶命するまでには、10～12分ぐらいかかります。医師が診て脈を測って判断します。死亡を確認した後、遺体をおろして、棺桶に入れます。花も添えてやります。地下室を出たところに霊柩車が入ってきて、仮安置所に運ぶのです。そこまでが私の仕事でした。

死刑は必要な刑罰だと思います。国が人に刑罰を科すことができるのは、仇討《あだう》ちやリンチを認めないかわりに、国が必ず責任を持って処罰しますということなんです。被害者にかわって国が責任を持って処罰しますということです。死刑をなくすことは、仇討ちやリンチを認めることになりませんか。冤罪の可能性を言われますが、死刑事件の冤罪だけが問題で、死刑以外の事件の冤罪はいいというわけではないでしょう。
20年も30年も刑務所に放り込まれて、実は無罪でしたとなっても、人生を棒に振るということで死刑と一緒です。ですから、冤罪の問題と死刑をなくすことは別の問題なのです。仮釈放のない終身刑を設けるという話もありますが、受刑者の希望を全部奪って、刑務所の房に30年も40年も置いておくことは残虐ではないですか。一気に殺すのは残虐だけども、じわじわ何年も死ぬまで待つというのは残虐じゃないと言えるのですか？　夢も希望も与えない刑罰は疑問です。
私が死刑執行について話をしだしたのは退職してからです。それまで一回も、家族にも話すことはありませんでした。死に対する尊厳というものが、無意識のうちにあったのかもしれません。それは、同じく死刑執行のボタンを押した刑務官全員が心に抱いていたものだと思います。

（2013年1月、兵庫県明石市内にて）

ふじた・まさひこ　1946年、広島県生まれ。73年、大阪拘置所で刑務官として勤務したのを皮切りに各地の刑務所や拘置所で看守長や総務部長、教育部長などを歴任し、2007年に静岡刑務所分類審議室長を最後に定年退官した。1970年代末に大阪拘置所に勤務していたとき、死刑執行を担当したことがある。著書に『元死刑執行官だけが知る監獄の叫び』（徳間書店）など。

⑤ジュリア・ロングボトム氏（駐日英国大使館公使）

――死刑制度を維持する日本の姿勢は英国やEUからどう映りますか。

「英国は日本の良き友人です。緊密なパートナーとしてお互いに率直な意見交換ができると信じています。私たちは大半の課題については意見が一致していますが、死刑に関しては異なる見解を持っています。英国とEUはいかなる場合でも、死刑制度に反対する姿勢を取っています。

日本では、犯罪が起きた場合に、とくに被害者の感情に関心が向けられていますね。英国の場合は、人が人を殺す権利があるのかどうかをまず考え、そしてどうやってその犯罪を起こした人を適切に取り扱うべきか、何がいちばんいい方法なのかを考えます。そうした意味では、もう少しバランスの取れた議論があっていいと思います」

――国民の高い支持があるということが日本が死刑を維持している一つの理由です。日本政府のそうした説明についてはどのようにお考えですか。

「政府は国がとるべき最善の道について公平に判断する必要があります。時にはその判断が国民の反発を招くこともあるでしょう。しかし、政治指導者や政治家には世論を導く義務がありますす。たとえば、増税のような困難ではあるけれど重要な課題については、日本政府は世論を導く役割を果たしていると思います。

死刑に対する民意の度合いも、国民に対する問いかけ方に大きく影響される可能性があると思います。先に英国政府をはじめとする欧州数カ国が支援した日本での調査では、死刑をめぐる様々な問題について詳しく情報を提供した後、死刑に対する意見の幅が広がりました。日本で死刑に関する議論がほとんど行われていないのはとても驚きです」

——袴田巖さんは40年以上拘置所にいて釈放されました。袴田さんが釈放された後も、日本は死刑の執行を続けています。これについてどう思いますか。

「袴田事件の再審決定と釈放のニュースは世界でも大きく取り上げられました。そして、改めて完璧な司法制度など存在しないということを実感しました。米国でも冤罪が晴れて死刑囚が釈放されたケースが1970年代から今までで146件あります。死刑制度のもとでは誤りがあっても取り消すことができません。英国とEUが死刑制度を廃止したのも、この理由からです。私たちは死刑制度に反対です。これからも、日本政府に対して制度の見直しを強く働きかけていきます」

——袴田さんが釈放されても、日本では死刑制度に対する批判があまり起きていないということも言えます。

「それには驚きを感じます。40年前のケースだから今は違うという人もいるかもしれないでしょうが、そんなに変わっていないかもしれません。どの司法制度でも誤りがあり得ます。それが大きな問題です」

――英国では死刑制度をどのように廃止し、それによってどのような社会的効果を得たのでしょうか。また凶悪犯罪が起きると英国内でも死刑を復活せよという意見が出ると思うのですが、それに対してはどう対処していますか。

「英国では世間の注目を集めた誤審が相次いだことで、1950年代に国民の間で死刑廃止論が高まりました。そこで政治家の主導により議論が行われ、制度の廃止に至りました。英国で最後に死刑が執行されたのは50年前です。

確かに、凶悪犯罪が起きた後には世論に変化が出ます。しかし、最近の調査でも英国で死刑の復活を望む割合は全人口の4割程度です。2010年の51％から低下しています。英国ではすべての主要政党が死刑に反対しています。国民の議論は政治家によって先導されます。

死刑が英国で最終的に廃止されたときも、まだ過半数は死刑を支持していました。世論そのものだけでは十分ではないとわれわれは思っています。政治家によるリーダーシップが重要なのです」

――実際に英国で死刑が廃止されてから、社会にどのような効果がもたらされましたか？

「効果というのは、日本の世論の中で考えている効果とは異なります。というのは、死刑があるから犯罪率が低いと思われていますが、その証拠はないんです。どこの国にもそのような証拠はありません。英国では死刑を廃止した後、犯罪率は低くなったんです。たぶん、直接の関係はあまりないかもしれないですね。ただ、廃止した後、犯罪率が高まったということはありません」

――主要政党がすべて死刑に反対であるなら、英国の国会で死刑復活の意見が出ることもないということですか？

「ほとんどないですね。政党の政策として反対ですから。個人レベルでは確かに死刑制度を支持する議員もいますが、大きな議論にはなりません」

――ＥＵは死刑廃止が加盟の条件になっています。

「そうです。あまり知られていないことですが、そこはぜひ知ってもらいたいです」

――ＥＵ諸国から見ると、先進国なのに日本はどうして死刑を維持しているのかと映るのではありませんか？

「そうですね。英国政府は日本の死刑制度が自由権規約、すなわち市民的および政治的権利に関する国際規約に抵触するおそれがあると詳細に論じた報告書の発行を支援しました。さらに、国連の自由権規約委員会からも同様の報告書が２０１４年７月に発表されました。

世界の動きは明らかに死刑廃止に向かっています。死刑制度が存続している国は、日本をはじめ北朝鮮、中国、イラン、イラクなどわずか22カ国です。Ｇ７のなかでは、米国も死刑を継続していますが、その米国でも死刑制度を廃止し終身刑を採用する州がどんどん増えており、死刑廃止へと動いています。死刑制度が存続している国にとっては、日本のような先進国で死刑が執行されていることは、自分たちの制度にお墨付きが与えられているようなものとなっているのです。私たちは、そこをいちばん懸念しています。

日本はほとんどの人権問題について国際社会と同じ考えを持っています。その日本が死刑制度を維持していると聞くと、大概の外国人は驚きます。日本が死刑制度を廃止することは、国際社会に対して日本がアジアのリーダーであることを強くアピールすることにもなるのです」

――日本はほかの先進国と人権問題ではほとんど意見を同じにしているけれども、死刑については違っているということですね。

「そうですね。日本政府の言うとおり、日本は国際社会と同じ価値観に基づいた外交を行っているし、人権問題も国際社会と同じ立場ではあります。ですから、死刑があることはかなり目立つんです」

――死刑を廃止すると、人権問題で日本はより国際的に高い評価を受けると？

「そうです。しかし、すぐには難しいかもしれません。歴史と国民の考えをふまえて判断しなくてはならないですよね。英国でも死刑は歴史的に存在していましたので、考え方の変化には時間が必要でした。英国でもすぐに廃止をしたわけではありません。まず、（死刑執行の）モラトリアムを導入してから、かなり時間がありました。日本でもそれが必要になるかもしれないですね。今は根強く死刑支持がありますが、政治家の指導力と国民の間の議論によって、次第に考え方が違ってくるかもしれないですね」

――日本は外国からどう見られているかについて敏感ではないということでしょうか?

「そこが、あまりよくわからないのです。というのは、普通は日本は外国からのイメージを重要視していますけれど、この死刑問題についてはとても強い立場をとっています。議論は必要ないという強硬さすら感じます。

日本では、みんなが一つの行動をすることを期待しています。だれかが違う行動をとると、その人のことをあまり許さないような雰囲気があり、多様性に対しての考え方は狭いかもしれません。そのため、犯罪者への対応も厳しいものがあります。英国はもちろん犯罪者を擁護することはありませんが、凶悪犯罪を犯した人にも、人権はあると考えます。個人の権利はありますから、その裁判の手続きなどが完璧でないといけません。人権に対する考え方は、英国では強いのです」

――日本では、拘置所に収容されている死刑囚の権利は、大きく制限されています。

「死刑囚の扱いについても非常に問題です。死刑制度があっても、人間の尊厳が保たれるよう、EUは最低基準を遵守するよう働きかけています。人としての権利があるのです。死刑になるという自分の将来について知る権利もあるし、家族と最後の話をすることもできないのは非常につらいと感じます。また、執行方法の問題もあります。絞首刑は、専門家からみても非人道的で、人権に反する方法だといいます。大きな問題だと思います」

——死刑の代替刑として、仮釈放のない終身刑を導入することはどう考えますか？

「代替刑として終身刑を導入することは、日本にとって死刑廃止への第一歩になるでしょう。英国では、極めて凶悪な犯罪を犯した場合、仮釈放を認めない終身刑が言い渡されることがあります。また、大半の欧米社会と同様、英国にも受刑者を早期に釈放する制度があります。これは受刑者が深く反省し、長い期間模範的な振る舞いをしたときなどです。早期釈放の判断はケースバイケースで行われ、恣意的に決まることはありません。日本でも議論を進めてほしいと思います」

（2014年9月、駐日英国大使館の公使公邸にて）

Julia Longbottom　1963年、英国ヨークシャー生まれ。86年、英国外務省入省。駐日英国大使館二等書記官、在ポーランド英国総領事、英国外務省極東部長、同省中国部長などを経て、2012年8月に駐日英国公使に就任。

⑥加毛修氏（日弁連死刑廃止検討委員会委員長）

死刑の問題は、単に死刑存廃の問題だけではありません。民主主義の根源である「人間の尊厳を確保する」との理念には例外がなく、罪を犯したすべての人も人間の尊厳は確保されなければなりません。このことは、国家の責務です。

この国家の責務と死刑制度は、本来的に合致しません。国家はどのような理由があっても、自らの手によって国民を死に至らしめることは許されません。日本において「人間の尊厳を確保する」との理念から一番遠くにかけ離れている問題は、確定死刑囚の処遇を含めた死刑制度です。

日本の刑事司法制度はあまりにも不完全であり、冤罪は後を絶ちません。日本の行刑理念と行刑制度は国際的に非常に遅れた水準にあり、社会復帰や更生保護という見地からはほど遠いものがあります。袴田事件において半世紀近く拘束され、死刑執行の恐怖の中に生き続けることを余儀なくされた袴田巖さんの人生に対し、深い悲しみと大きな衝撃を受け、何よりも強い怒りを覚えました。

残念ながら誤判のリスクが存在しない刑事司法制度を確立することはできません。すべての人間は間違いを犯しうるものであり、刑事裁判手続きだけが例外ではありません。死刑を廃止している国は、誤判による死刑のリスクを防ぐことができないことを、死刑廃止の最も大きな理由としています。無辜《むこ》の人を、国が死に至らしめることはあってはならないからです。日本がすべての人間の尊厳を確保し、民主主義国家として豊かで文化的な福祉国家を目指していくためには、司法制度の面から考えると、犯罪被害者などの支援制度の確立、刑事司法制度や行刑制度などの抜本的改革が必要であり、これらの問題を視野に入れながら死刑のない社会が望ましいことを見据えて、死刑廃止の問題についての全社会的議論を呼びかけていく必要があります。

また、日本では罪を犯した人が刑事施設に収容された場合、基本的人権は大きく制限され、市民としての権利は保障されず、受刑者の社会復帰や更生保護の政策は極めて不十分です。とくに日本の死刑制度はすべてが密行主義であり、国民は確定死刑囚の処遇の実態や死刑執行手続きについてほとんど情報がありません。

死刑制度の当否について判断材料が乏しく、漠然と死刑制度を受け入れている国民が多数いると思われます。米国で死刑を執行している州では、一定のルールの下で情報を公開しています。日本でも死刑執行に犯罪被害者遺族や死刑囚の家族、法曹関係者、マスコミ、国会議員などが立ち会えることを含めて、死刑制度の在り方について検討する必要があります。

死刑を廃止する過程においては、代替刑として仮釈放のない終身刑の導入を検討する必要があります。そして、終身刑の受刑者に対しても人道的処遇を確保する必要があり、独自の処遇プログラムを提案していくことが求められます。

仮釈放のない終身刑が残酷な刑罰であるとの指摘もあります。しかし、このことは人権先進国では説得力がありますが、人権面でまだまだ後れている日本においては、現時点では死刑廃止について国民の理解を得るには仮釈放のない終身刑の導入を検討することが必要だと考えています。その際には、恩赦法を改正し、仮釈放のない終身刑の受刑者に対しても、恩赦による釈放の可能性を残さなくてはいけません。

（2015年1月、東京都中央区の法律事務所にて）

かも・おさむ　1947年、東京都生まれ。73年に弁護士登録。第一東京弁護士会所属。日本弁護士連合会副会長、第一東京弁護士会会長、日本司法支援センター理事などを歴任。政府調達苦情検討委員会委員長などを務める。

参考文献

青木理『絞首刑』講談社文庫、2012年
井田良、太田達也編『いま死刑制度を考える』慶應義塾大学出版会、2014年
池谷孝司編著『死刑でいいです――孤立が生んだ二つの殺人』新潮文庫、2013年
市川悦子『足音が近づく――死刑囚・小島繁夫の秘密通信』インパクト出版会、1997年
大塚公子『死刑』角川書店、1998年
小倉孝保『ゆれる死刑――アメリカと日本』岩波書店、2011年
加賀乙彦『死刑囚と無期囚の心理』金剛出版、2008年
亀井静香『死刑廃止論』花伝社、2002年
菊田幸一『死刑廃止に向けて――代替刑の提唱』明石書店、2005年
菊田幸一「死刑廃止への戦略」三原憲三、増田豊、山田道郎編集委員『刑事法学におけるトポス論の実践――津田重憲先生追悼論文集』成文堂、2014年
大道寺将司『死刑確定中』太田出版、1997年
団藤重光『死刑廃止論』(第六版)有斐閣、2000年
戸川点『平安時代の死刑――なぜ避けられたのか』吉川弘文館、2015年

永田憲史『GHQ文書が語る日本の死刑執行――公文書から迫る絞首刑の実態』現代人文社、2013年
年報・死刑廃止編集委員会編『年報・死刑廃止2015 死刑囚監房から』インパクト出版会、2015年
朴秉植『死刑を止めた国・韓国』インパクト出版会、2012年
藤田公彦『元死刑執行官だけが知る監獄の叫び』徳間書店、2008年
布施勇如『アメリカで、死刑をみた』現代人文社、2008年
堀川惠子『教誨師』講談社、2014年
美達大和『死刑絶対肯定論――無期懲役囚の主張』新潮新書、2010年
宮本倫好『死刑の大国アメリカ――政治と人権のはざま』亜紀書房、1998年
村野薫『死刑はこうして執行される』講談社文庫、2006年
免田栄『免田栄獄中ノート――私の見送った死刑囚たち』インパクト出版会、2004年
森炎『死刑肯定論』ちくま新書、2015年
安田好弘『死刑弁護人――生きるという権利』講談社+α文庫、2008年
読売新聞社会部『死刑――究極の罰の真実』中公文庫、2013年
読売新聞水戸支局取材班『死刑のための殺人――土浦連続通り魔事件・死刑囚の記録』新潮社、2014年
マーク・グロスマン／及川裕二訳『死刑百科事典』明石書店、2003年
デイビッド・T・ジョンソン、田鎖麻衣子『孤立する日本の死刑』現代人文社、2012年
タイ・トレッドウェル、ミッシェル・バーノン／宇佐和通訳『死刑囚最後の晩餐』筑摩書房、2003年
朝日新聞、読売新聞、毎日新聞、産経新聞、中日新聞、共同通信の記事

著者略歴

佐藤大介《さとうだいすけ》

一九七二年、北海道生まれ。明治学院大学法学部卒業後、毎日新聞社に入社。長野支局、社会部を経て二〇〇一年に退社。〇二年に共同通信社に入社。〇七年六月から一年間、韓国・延世大学に社命留学。〇九年三月から十一年末までソウル特派員。帰国後、特別報道室や経済部(経済産業省担当)などを経て、一六年九月から二〇年五月までニューデリー特派員。二一年五月より編集委員兼論説委員。著書に『13億人のトイレ~下から見た経済大国インド』(角川新書)、『オーディション社会 韓国』(新潮新書)など。

幻冬舎新書 636

ルポ 死刑
法務省がひた隠す極刑のリアル

二〇二一年十一月二十五日 第一刷発行
二〇二一年十二月 十 日 第二刷発行

著者 佐藤大介
発行人 志儀保博
編集人 小木田順子
編集者 前田香織
発行所 株式会社 幻冬舎
〒一五一-〇〇五一 東京都渋谷区千駄ヶ谷四-九-七
電話 〇三-五四一一-六二一一(編集)
〇三-五四一一-六二二二(営業)
振替 〇〇一二〇-八-七六七六四三
ブックデザイン 鈴木成一デザイン室
印刷・製本所 中央精版印刷株式会社

Printed in Japan ISBN978-4-344-98638-1 C0295
さ-24-1
幻冬舎ホームページアドレス https://www.gentosha.co.jp/
*この本に関するご意見・ご感想をメールでお寄せいただく場合は、comment@gentosha.co.jp まで。